Survivre
dans le tumulte

DU MÊME AUTEUR

Un souffle vers l'éternité, Éditions Michel Lafon, 2012.

Les Lumières de l'invisible, Éditions Michel Lafon, 2013.

L'Invisible et la science, Éditions Michel Lafon, 2014.

N'ayez pas peur de la vie, Éditions Michel Lafon, 2016.

Il y a quelqu'un dans la maison…, Éditions Michel Lafon, 2018.

Patricia Darré

Survivre dans le tumulte

Michel LAFON

118, avenue Achille-Peretti – CS 70024
92521 Neuilly-sur-Seine Cedex

www.michel-lafon.com

À François-Philippe, mon fils, afin qu'il sache

À Fabienne et Claude-Olivier

À la Princesse Catherine Bonaparte

Pour Sophie

À Marco

Août 2008. Vacances. Je me souviens parfaitement de cette matinée-là. J'étais affalée dans un transat, près de la piscine d'un hôtel dont le nom m'échappe, probablement parce qu'il regorgeait de touristes et qu'il était trop parfait, vidé de toute humanité réconfortante. Mes pensées étaient ailleurs. Nous étions venus en vacances à Fuerteventura, dans ces îles des Canaries qui font rêver tout le monde, sauf moi, sans doute à cause de cet été-là qui ne s'annonçait guère serein pour un tas de raisons suffisant à alimenter mon angoisse. Les Canaries étaient restées hélas assimilées à mes questionnements et tristesses. Nous étions en 2008, et si je parle de cette date, c'est qu'elle fait partie pour moi des années de basculement décisif. Mais comme on avance rarement sans difficulté, je dois avouer que je ne voyais alors pas comment surmonter les miennes, qui, apparemment, n'étaient celles de personne d'autre dans mon entourage.

Les deuils s'étaient succédé autour de moi, touchant des personnes chères à mon cœur, et je voyais des amis proches partir vers l'autre monde sans que l'on puisse dire que c'était dans l'ordre des choses. Mes parents vieillissaient et ils n'étaient presque plus autonomes, je savais qu'il faudrait bientôt trouver une solution.

J'étais donc là sur ce transat, l'esprit préoccupé. Je me remémorais aussi les événements survenus quelque temps plus tôt. Mes premiers symptômes avaient fait leur apparition un soir de cet été 2008. Alors que j'étais partie chercher mon fils chez l'un de ses copains, je fus prise d'un malaise. Je dus m'arrêter sur le bord de la route, sortir de la voiture pour respirer et m'asseoir quelques instants dans l'herbe pour reprendre mes esprits. Un malaise. Un malaise stupide, dont je ne comprenais pas le sens, mais qui allait être à l'origine d'un long bouleversement.

Les jours qui suivirent, je fus la proie d'une véritable explosion de désagréments physiques de tous ordres. Des acouphènes s'étaient déclarés, persistants et tenaces, un brouillard gênait ma vision et des sensations de vertige me tenaillaient, m'obligeant à m'accrocher à tout ce qui pouvait être un rempart à toute perte de contrôle. Je me décidai à consulter des médecins. Ce fut d'abord un oto-rhino-laryngologiste qui ne s'expliquait pas le déclenchement de ces acouphènes, pas plus que le blocage de mes tympans, qui se bouchaient et se débouchaient sans cesse. Il me demanda si j'étais allée à la piscine ou si j'avais pris l'avion récemment, deux questions auxquelles je répondis par la négative. Il me dit simplement : « Vous savez, nous ne sommes pas toujours en mesure d'interpréter les signaux que nous envoie notre cerveau, mais une chose est certaine, je n'ai détecté aucune pathologie particulière. » Je me rendis alors chez un ophtalmologiste, qui poussa les investigations sans pouvoir m'expliquer non plus la cause de ce brouillard qui m'aveuglait, puisque, curieusement, ma vue était restée intacte durant les tests…

Ma famille, mon époux et mes parents, commençaient à me regarder d'un air suspicieux, n'étais-je pas en train de sombrer dans une espèce de dépression nerveuse ? On me parla de la ménopause et de ses effets turbulents, mais moi je savais qu'il n'en était aucunement question. J'interrogeai mes guides pour avoir une réponse, qui arrivait invariable : « C'est le changement. »

Le changement de quoi ? Je ne comprenais rien et n'obtenais aucun autre message. Je sentais passer à travers moi des ondes électriques inconnues jusque-là, des sortes de vagues d'énergie qui provoquaient des palpitations et une sensation intense de stress, sans que j'en comprenne la cause.

Je consultais à nouveau différents médecins et après chaque examen, la réponse était toujours la même : rien à signaler. On me conseilla de consulter un psychologue, jugeant que ces symptômes étaient sans doute dus à une fatigue accumulée.

Je frappais à la porte de nombreux thérapeutes et en ressortais invariablement avec une longue prescription de médicaments censés me « calmer. » Je continuais cependant de clamer : je ne suis pas dépressive !

Il est incroyable de constater que dès que l'on ne sait pas diagnostiquer l'origine d'un problème, il faut forcément qu'il soit psychosomatique. Jour après jour, les symptômes s'intensifiaient, avec en plus une sensation de décalage dans le temps présent. J'ai souvent dit qu'être médium vous fait vivre un pied dans une réalité et un pied dans une autre, mais là c'était bien différent. Il m'arrivait d'observer mon présent comme s'il faisait déjà partie d'un passé lointain, comme si mon cerveau rangeait dans le passé ce qui était à venir ; sensation inconfortable et tellement étrange que je m'arrêtais quelques instants pour tenter de reprendre mes esprits, mais rien n'y faisait. J'en parlais à mes amies les plus proches, mais aucune ne partageait cet état aussi curieux qu'inquiétant. Jean-Paul, mon mari, me proposa d'aller passer quelques jours de vacances à Fuerteventura, histoire de se reposer dans un cadre idyllique. J'étais assez favorable à ce projet, fatiguée par tous ces ressentis indomptables.

Et ce matin-là, dans mon transat, je me rendis compte que la situation avait empiré. Je ne pouvais pas aller me baigner, pas marcher non plus ni visiter ou faire des balades, car il me semblait que l'énergie de cette île volcanique provoquait un séisme en moi. Les acouphènes s'étaient aggravés, le brouillard devant mes yeux était devenu si dense que je devais plisser les yeux pour percevoir les paysages, mais, bizarrement, dès que j'entrais dans l'hôtel je recouvrais une vision quasi normale. Je ne pouvais accompagner mon mari et mon fils dans leurs divertissements et pérégrinations, et culpabilisais de gâcher les vacances de ceux que j'aimais avec ces problèmes qu'ils pensaient être imaginaires.

Les communications avec l'au-delà s'étaient interrompues, comme si je ne parvenais plus à me « connecter. » Sans quitter mon transat, j'attrapai mon téléphone portable et composai le numéro d'une amie très chère : Catherine Bonaparte. Depuis une aventure paranormale vécue en commun, la princesse était devenue mon amie, une amie bienveillante et compréhensive. Je l'appelai donc pour prendre de ses nouvelles et lui parler de ce qu'il m'arrivait, et même si je ne savais pas pourquoi, j'avais besoin de lui confier cela, je sentais qu'il fallait que je le fasse. Sa voix chaleureuse fut un rayon de soleil autrement plus réconfortant que celui qui écrasait l'île où je flemmardais. Elle m'écouta attentivement et alors que je m'attendais à l'entendre me dire : « Il faut te reposer chère Pat ! », elle ponctua ma litanie par un :

« C'est curieux !

– Pour le moins, je le sais !

– Non, mais cela me fait penser à quelque chose…

– Ah oui ? Et à quoi donc ?

– À quelque chose que je viens de découvrir sur un site Internet américain…

– Sur les électrosensibles ? Les gens sensibles aux micro-ondes ?

– Non, non… Un site qui parle d'un changement vibratoire terrestre qui perturbe certaines personnes. On parle d'une nouvelle fréquence… Attends, je vais te retrouver cela rapidement. Cela correspond exactement à ce que tu me décris. »

Une onde de bonheur me traversa. Il fallait donc que j'appelle Catherine pour enfin être sur une piste. Je trouvai la force de me lever pour aller le clamer à tous ceux qui pourraient l'entendre. Je n'étais ni folle, ni déprimée, les Américains le savaient bien, eux ! Je remerciais Napoléon de m'avoir mis en contact avec sa douce descendante et je rapportais notre conversation à Jean-Paul durant le déjeuner. Il ne parut guère s'en émouvoir. Un changement vibratoire ? Je n'avais trouvé que cela pour justifier mon état bizarre ? Pour lui, c'était évident, les hormones étaient les seules responsables de ces variations d'équilibre. Peu importe. Dès que je le pus, alors que la nature de l'île invitait à profiter du grand air, je m'enfermais et m'évertuais à trouver des explications sur Internet, tapotant inlassablement sur les ordinateurs de l'hôtel. Et là, à force de chercher, et grâce aux indications de Catherine, j'accédais à un site qui parlait de mes symptômes.

Ils étaient tous là, répertoriés, les uns après les autres, du plus faible au plus fort, et je retins un cri de joie car la maladie imaginaire, psychosomatique, la vilaine ménopause, la dépression larvée, tout avait disparu ! Mes problèmes étaient détaillés dans leur incohérence : les acouphènes, le brouillard visuel, les douleurs incongrues et éphémères, la tête comme une cocotte-minute, la sensation de gueule de bois sans avoir bu une goutte d'alcool, des envies de pleurer qui passent très vite pour laisser place à une belle sérénité, des nuits morcelées, une immense lassitude générale, puis un regain d'intérêt pour tout, et j'en passe... Tous ces symptômes étaient mentionnés et visiblement, de nombreux Américains en souffraient. Une certaine Karen Bishop, créatrice du blog, en parlait très bien, victime elle aussi de ce magma fréquentiel indéterminé, auquel elle attribuait une autre explication qui me séduisait cependant nettement moins. Elle parlait d'ascension spirituelle, de maîtres ascensionnés, d'anges qui nous faisaient passer par tout cela pour devenir des Êtres spirituels supérieurs. Quelle déception ! Se pouvait-il que l'on ait trouvé que ces seules explications au phénomène, alors que moi je voulais savoir ce qui pouvait précisément créer de telles perturbations ? Ce langage ésotérico-fantaisiste me faisait perdre l'intérêt de la lecture, et ravivait mon désir d'investigation.

Je notais qu'avant chaque pleine lune les acouphènes devenaient plus forts et ma vision plus brouillée. C'était étrange car j'avais l'impression « d'entendre » l'arrivée de cette pleine lune deux jours avant qu'elle ne se produise, avec un bruit différent et répétitif dans l'oreille qui disparaissait dès que celle-ci apparaissait. À tel point que je n'avais plus besoin de calendrier lunaire, et que je n'en ai toujours pas besoin, pour anticiper les changements de notre satellite. Je ne pouvais hélas pas m'en ouvrir à quiconque, car je dois dire que si mon mari avait accepté avec bienveillance ce qu'il aurait pu considérer comme des élucubrations médiumniques, dès que celles-ci apparurent sur ces histoires d'énergie troublée, je voyais bien qu'il restait perplexe. Je quittais Fuerteventura avec soulagement, car je me sentais comme une batterie chargée à bloc, et en même temps une terrible fatigue s'emparait de moi. Je me sentais tellement « gonflée » que j'avais l'impression que ma tête allait exploser.

Le seul médecin qui entendit mon discours fut le docteur Jacques Labescat, médecin phytothérapeute de mes amis qui commença à tendre l'oreille puis s'intéressa à mes questionnements. Au retour des vacances, je me retrouvais tellement pleine d'une énergie douloureuse et inconnue que ce bon docteur eut une idée de génie : il me conseilla de prendre un tuyau de cuivre, ce matériau étant conducteur d'électricité, et de le planter dans la terre, ce qui devait parvenir à me libérer de cette surcharge énergétique. Ce que je fis, sous le regard incrédule de Jean-Paul, qui n'en croyait pas ses yeux : un médecin m'avait incitée à exécuter ce geste ridicule. Ridicule, peut-être, mais tellement libératoire. Je sentais cette force mystérieuse longer ce tuyau pour se perdre dans la terre entre mes rosiers. Le soulagement arriva sans tarder, je me sentis immédiatement plus légère et moins percluse de douleurs. J'en fis immédiatement part au thérapeute au téléphone. Sans pouvoir m'expliquer ce qui était à l'œuvre en moi, il reconnut que je me chargeais d'un flux inexplicable et qu'il fallait observer ce qui allait se passer.

Dès lors, les communications reprirent avec l'autre côté, que je n'appelle plus « au-delà » car le terme me semble désormais désuet, ce qui me permit d'en savoir un peu plus sur ce qui m'arrivait. Un soir, ma « hiérarchie »[1] voulut communiquer avec moi, et je sentis

1. La hiérarchie est le nom que je donne à ces « guides » que je ressens comme faisant partie d'une hiérarchie très organisée.

cette connexion s'établir « comme au bon vieux temps », ce qui me mit en joie. Un doux flux m'envahit, reconnaissable à la paix et la tranquillité qu'il portait. Je questionnai immédiatement :

« Suis-je malade ?

– Non !

– Que m'arrive-t-il ?

– Le changement !

– Le changement de quoi ?

– Des forces dont tu te nourris.

– De quelles forces parlez-vous ?

– De celles qui régissent la planète où tu vis, et qui vont concerner tous les êtres qui s'y développent.

– D'où viennent ces nouvelles forces ?

– Elles ne sont pas nouvelles, elles sont modifiées.

– Pourquoi suis-je en train de les percevoir ? Et pourquoi personne ne semble les percevoir ?

– Chacun de vous y est soumis, et chacun devra les digérer. D'autres sont comme toi et viendra le temps où tout le monde les ressentira à son niveau.

– D'où viennent-elles ?

– Je ne peux t'en dire plus, car il va falloir que tu le découvres seule. C'est le chemin. »

La communication prit fin.

Des forces, en quelque sorte des fréquences nouvelles pour nous, mais qui viendraient d'où ? De la Terre ? Du cosmos ? Des micro-ondes émises par la technologie humaine ? J'avoue ne pas être très versée dans l'ufologie, sinon j'aurais pensé à un sale coup des extra-terrestres. Je ne le suis pas non plus dans les archétypes utilisés dans l'ésotérisme, sinon j'aurais imaginé une vengeance de tous ces dieux et anges invoqués et malmenés depuis que l'homme les utilise à toutes sortes de fins. La véritable cause était tout à fait naturelle.

On a toujours parlé de changements d'ère ou de fins du monde (combien ont été annoncées depuis l'origine de l'humanité ?), mais jamais on n'a envisagé que les humains soient peu à peu « configurés » pour un changement d'ère.

À LA RECHERCHE DU TEMPS PERDU

CE QU'EN DISENT LES SCIENTIFIQUES

Que s'est-il passé depuis 2008 ? Rien n'a vraiment changé, mais tout a évolué. La Vie est une incroyable magicienne qui donne et reprend à tour de bras. Des êtres chers et très proches sont partis rejoindre les étoiles, pendant que moi, pauvre terrienne, j'affinais mon sens de la communication avec cet « au-delà », je continuais de vivre cette immense métamorphose aux multiples sensations méconnues et désagréables. La réflexion sur le temps m'est venue peu à peu. Ce temps fuyait et je ne parvenais pas à le contrôler. Bien sûr, j'imagine ce que certains vont penser : le temps est inchangé, mais c'est notre perception qui en est modifiée. Et là, je suis d'accord. D'autres ajouteront, nous avons de plus en plus d'activités chronophages, aussi est-il normal d'avoir l'impression de ne plus avoir de temps pour soi. Ce n'est pas faux, mais il y a tout de même une autre donnée à prendre en compte : cette sensation de course, de déficit de temps, s'est inscrite jusque dans nos pensées. C'est une impression profonde et omniprésente, quoi que nous fassions, où que nous soyons. Le temps file de manière incompréhensible, même dans l'inactivité, même dans le silence.

C'est à mon amie Catherine Bonaparte que je m'en suis ouverte pour la première fois. Pourquoi ne parvenais-je plus à effectuer ce que j'avais à faire dans un même laps de temps, alors que ma charge de travail restait inchangée ? M'étais-je ralentie ? Était-ce un effet du vieillissement ? Je fus frappée en lisant le journal de George Sand, dans lequel elle décrivait l'une de ses journées. Elle était si pleine et si riche en événements que si l'on ajoutait les distances parcourues et les moyens de locomotion de l'époque, ses 24 heures si longues et élastiques correspondraient vraisemblablement à 48 heures aujourd'hui. C'est en parlant avec des amis qui s'intéressaient au sujet, tel le physicien Arnaud Colombier, que je découvris l'existence de Winfried Otto Schuman et de sa théorie de la « résonance. » Je ne suis pas une scientifique de formation mais je dois néanmoins vous donner maintenant quelques explications physiques, n'en déplaise à ceux qui y sont légèrement rétifs, sur des événements qui perturbent notre fonctionnement pour mieux comprendre ce qui nous arrive.

Je crois que ma lecture sur cette théorie fut le premier éclaircissement qui me permit d'avancer dans ma recherche. J'ai relaté brièvement ces informations dans mon ouvrage intitulé *N'ayez pas peur de la Vie*, mais il faut dire qu'à l'époque, ces préoccupations n'étaient partagées que par une minorité de personnes. Aujourd'hui, en raison du tumulte ambiant, il est sans doute nécessaire de vous rappeler ce qu'il en est. En 1952, Winfried Otto Schumann, physicien allemand spécialisé dans les phénomènes atmosphériques, a découvert que la Terre avait son propre champ d'énergie. C'est un champ magnétique à pulsations, issues du noyau terrestre, dont les amplitudes les plus hautes se situent aux alentours de 7,83 hertz, soit la fréquence moyenne des ondes du cerveau humain. Ces champs magnétiques peuvent fluctuer en fonction des orages magnétiques produits par l'activité solaire, des orages atmosphériques. En outre, il faut savoir que la Terre forme avec l'ionosphère (l'atmosphère supérieure de la planète) un immense résonateur dont les fréquences varient en fonction du jour et de la nuit. Ce résonateur régule en quelque sorte ces mêmes fréquences.

Il s'avère que depuis quelques années les scientifiques constatent que des variations dans les effets de cette résonance ont lieu et qui correspondent à des changements dans les saisons, à l'activité solaire, à l'activité des champs magnétiques autour de la Terre, et à de nombreux phénomènes terrestres. Il faut savoir que les modifications du champ magnétique servent de points de repère à l'horloge interne humaine, concernant ses rythmes journaliers de 24 heures. Or, en raison de l'accroissement observé dans l'amplitude des champs magnétiques et du magma des fréquences artificielles (les ondes téléphoniques, entre autres) créé par l'homme à travers les nouvelles technologies, l'horloge interne humaine est totalement perturbée.

Nous sommes en quelque sorte bombardés d'ondes de toutes sortes qui viennent altérer nos informations. Dans notre cerveau, l'épiphyse, ou glande pinéale, qui sécrète la mélatonine, est la base de notre horloge interne. Cette mélatonine est une hormone essentielle qui régule notre sommeil et nos cycles biologiques. Les perturbations magnétiques et électromagnétiques de notre environnement dérèglent cette épiphyse qui ne reconnaît plus les informations habituelles et ne sécrètent plus le flux d'hormones nécessaires à la stabilisation de notre équilibre biologique. Les nuits fractionnées, les changements d'humeur et la grande fatigue en sont l'une des conséquences.

Un stress gigantesque a donc pris place en chacun de nous et ses effets désastreux se répercutent sur nos esprits et nos corps. Ce brouillard magnétique, la pollution que nous avons produite, sans compter tout ce qui nous éloigne de la nature, qui nous a permis de nous épanouir pendant des siècles, sont en train de nous transformer peu à peu.

Notre horloge interne se dérègle donc et nous fait percevoir le temps différemment : il s'accélère. Quelle que soit l'explication que vous voudrez donner au phénomène, vous ne pouvez le nier. Cette accélération est ressentie par tous et ses conséquences sont observables. Le stress immense lié à la course dans le vide (puisque nous ne rattrapons jamais ce temps) influe fortement sur notre santé. Désormais, nous faisons face à un véritable questionnement sur notre place dans l'espace et le temps, et ce questionnement est la source de nombreuses angoisses. Ne pas pouvoir faire plus dans un environnement qui vous demande toujours plus sans cesse est un motif de rupture avec soi-même, et peut entraîner un *burn-out*. Je ne parle pas ici de la fatigue, déprime ou dépression que l'on a tendance à confondre avec le véritable *burn-out*, mais de cette rupture irréversible où l'épuisement lié à l'impossibilité d'accéder à ses objectifs provoque un court-circuit énergétique qui anéantit le corps et l'esprit. C'est une maladie nouvelle, et le patient va mettre des mois voire des années à se remettre. Et pour « s'en sortir », il va transformer sa vie de manière à minimiser cette sensation de fuite du temps qui lui est devenue insupportable.

Mais qu'est-ce qui a bien pu accélérer ce processus de manière à ce que tout soit si sensible aujourd'hui ? Le progrès technologique et la pollution auraient-ils contribué à provoquer les variations des champs magnétiques ? Sans doute, mais ils ne sont pas les seuls responsables. Les signes qu'une inversion des pôles est imminente abondent. Je ne parle pas des pôles géographiques, des axes de rotation de la Terre, mais bien du pôle magnétique désigné par l'aiguille de la boussole lorsqu'on cherche le nord. Les scientifiques ont étudié les couches géologiques de certaines zones stratégiques de notre planète, pour y trouver des traces témoins de précédentes inversions des pôles suivant un cycle variable mais bien établi[1]. Ce rythme surviendrait tous les 200 000 ans environ, mais il semblerait que la dernière fois que le nord magnétique a basculé vers le sud, c'était il y a 700 000 ans. Or, nous savons, selon la National

1. Je vous recommande la lecture des travaux de Bernard Brunhes (1867-1910), le géophysicien qui a découvert et étudié l'inversion des champs magnétiques terrestres et fut renommé pour « l'inversion Brunhes-Matuyama », événement géologique qui s'est produit il y a 781 000 ans et qui correspond à la dernière inversion du champ magnétique terrestre.

Oceanic and Atmospheric Administration, que ce nord magnétique se meut irréversiblement vers le sud.

En combien de temps le processus peut-il se réaliser ? Ce ne sera pas brutalement, mais se fera sur quelques milliers d'années, et l'on peut craindre bien des perturbations engendrées par ce phénomène à venir. Il n'est pas question de parler de catastrophe car cela n'en sera pas une, mais l'on peut imaginer que l'humanité va subir des altérations physiques. Les conséquences d'un basculement des pôles fragilisent terriblement les champs magnétiques qui nous protègent des particules nocives et radioactives venues de l'espace. Nous allons donc être particulièrement fragilisés et notre corps va devoir affronter ces informations cosmiques inconnues qui, selon les probabilités[1], pourraient provoquer un nombre massif d'altérations cellulaires, de cancers et de dépressions.

Tout cela est inéluctable et fait partie des cycles terrestres naturels, mais y sommes-nous

1. Lire *Plos Biology*, revue scientifique américaine, publiée par la Public Library of Science.

préparés ? Pas vraiment. Je suis surprise que les médias n'abordent pas ces phénomènes et qu'il faille aller investiguer sur Internet pour trouver des explications, pas toujours rationnelles. Les complotistes et autres millénaristes y voient la volonté de pouvoirs occultes, voire d'un Dieu punisseur, et parallèlement les excellents articles de scientifiques expérimentés ne trouvent pas un grand écho. Sur le sujet, je vous conseille d'écouter les explications de l'éminent astrophysicien Hubert Reeves et de visionner les documentaires réalisés par de prestigieux chercheurs des grandes universités américaines. Nous sommes de fabuleux émetteurs-récepteurs, et en tant que « poussières d'étoiles » – puisque l'on sait aujourd'hui que 97 % de nos atomes proviennent du cosmos – nous sommes aptes à accueillir les informations que celui-ci nous envoie en permanence. Jusqu'à présent nous les avons captées au travers du filtre des champs magnétiques, mais celui-ci se minimisant, nous recevons ces données de plus en plus abruptement, et mettons du temps à les digérer.

Hubert Reeves dit qu'en cas d'inversion des pôles, tous les oiseaux soumis au nord magnétique s'adapteront comme ils l'ont toujours fait. Ils suivront leur nord et recréeront de nouveaux circuits.

L'expression « perdre le nord » que l'on utilisait beaucoup au XVIe siècle prend aujourd'hui tout son sens. Elle se référait aux boussoles qui n'étaient plus capables d'indiquer le bon chemin, et donc par extrapolation à ceux qui n'avaient plus les idées claires, qui étaient « déboussolés ». N'est-ce pas notre cas aujourd'hui ? Ne nous sentons-nous pas perdus dans une réalité que nous ne maîtrisons plus ? Les informations que nous captons passent par notre cerveau qui possède, comme les poissons, les oiseaux, les reptiles et les mammifères, sans oublier les bactéries, de la magnétite, c'est-à-dire des cristaux d'oxyde de fer, aimant naturel. Une sorte de sixième sens non négligeable qui nous aide à nous repérer dans notre quotidien.

Des expériences ont été menées à l'Institut Caltech en Californie. Des volontaires ont été placés dans une cage de Faraday dans laquelle les chercheurs ont reproduit un champ magnétique à peu près comparable à celui dans lequel nous évoluons, ce champ pouvant être dirigé dans différentes directions. Les participants sont restés assis, immobiles, pendant que le champ magnétique était modifié. On le faisait tourner dans les sens des aiguilles d'une montre puis inversement, et il était orienté vers le bas.

Les participants ne montraient aucune réaction, mais leur électroencéphalogramme montrait que leur cerveau, lui, réagissait. Les ondes alpha, d'une fréquence de 10 Hz, diminuaient de façon conséquente. Les ondes alpha sont les ondes cérébrales de l'électroencéphalogramme, captées lorsque nous sommes éveillés, mais détendus, les yeux fermés. Durant cette expérience, on a constaté des différences entre les participants, certains réagissaient peu, d'autres avaient une chute de moitié des ondes alpha. Le géophysicien Joe Kirschvink qui a mené l'expérience en a conclu que notre sensibilité géomagnétique varie d'une personne à l'autre.

Une autre réflexion s'impose à moi : si l'on constate que les ondes alpha diminuent en fréquence lorsque les champs magnétiques bougent, on peut imaginer que ces ondes vont s'apparenter par leur fréquence à d'autres ondes cérébrales (par exemple, les ondes thêta qui vibrent entre 4 et 8 hertz) qui pourraient modifier notre manière de fonctionner au quotidien.

Il fallait passer par cette réflexion pour vous mener sur le chemin de la prise de conscience de ce que vous vivez.

CES SYMPTÔMES QUI VONT ET VIENNENT

Généralement, tout commence par les perturbations du sommeil. Bien sûr, il y a des insomniaques chroniques, ceux qui n'ont pas besoin de dormir beaucoup, et d'autres, qu'il faut secouer pour les réveiller après douze heures de repos. Mais avec ces nouvelles fréquences, chacun ressent un dérèglement notable. Nous nous réveillons entre deux heures et cinq heures du matin, systématiquement, pour aborder de longues insomnies, auxquelles nous échappons parfois pour somnoler par demi-heure, quels que soient notre état de fatigue et notre activité la veille. Certains font des rêves en grand nombre, rêves violents, peu communs et déstabilisants, qui ressemblent plus à une libération d'énergie anxiogène qu'à des songes décryptables. Ces nuits peuvent être accompagnées de bouffées de chaleur ou de sueurs, qui ressemblent étrangement aux symptômes de la ménopause, sauf qu'ici, ces troubles sont ressentis par des femmes de tous âges, mais également par des hommes. À ces phases d'agitations nocturnes et de nervosités diurnes succèdent celles de léthargies incontrôlables, comme si nous n'avions pas assez de nos nuits pour récupérer dans un sommeil profond, nos journées devenant alors insupportables en raison de cette fatigue que nous portons comme un impitoyable fardeau.

Certains réveils s'apparentent à ceux avec une gueule de bois, mais sans raison. J'avoue observer depuis quelques mois ce phénomène même chez mes collègues très jeunes qui ont dû se mettre à la sieste au bureau pour surmonter ces vagues d'épuisement. Assurer les gestes du quotidien demande désormais un grand effort. Cette lassitude est souvent accompagnée de douleurs, comme si notre corps était arrivé au bout de ses possibilités. Ces phases peuvent durer plusieurs semaines, mais en général, elles disparaissent provisoirement. Nous pouvons être sujets à un froid intérieur que rien ne parvient à estomper et qui survient inexplicablement, même en plein soleil. Mais c'est surtout l'envie de ne rien faire qui est prépondérante, une envie de nous prélasser, laissant le corps nous guider suivant ses exigences, ses besoins de grignoter, d'assimiler ce qui lui est nécessaire, et attendre. Nous n'avons alors plus envie de voir quiconque, juste un désir profond de prendre soin de nous et de laisser voleter nos idées et notre créativité, car elle, non seulement reste intacte, mais est féconde dans des domaines auxquels nous n'avions jusque-là pas ou peu prêté attention.

Nous en arrivons à tout remettre en question : notre entourage, nos amis et les activités que nous aimons pratiquer. Nous n'avons plus envie de grand-chose. La solitude s'avère très souvent nécessaire, et la foule et ses réactions habituelles deviennent intolérables. Tout cela ressemble à de la dépression, a le goût de la dépression, mais ce n'est pas de la dépression, car ces ressentis fluctuent d'un instant à l'autre. Nous feuilletons un album photo, plutôt comme une vie antérieure de laquelle il nous reste peu de sensations, que comme le témoin de souvenirs d'un passé proche. Nous baignons dans un complet détachement, sans aucune tristesse, car nous ne sommes ni tristes, ni déprimés, et c'est bien là le paradoxe. Notre image nous semble étrangère, comme si la personne que nous étions est en tout point différente de celle que nous sommes, nous ne nous sentons donc plus dans notre évolution, mais en rupture totale entre ce que nous étions et ce que nous sommes en train de devenir. Il nous est très difficile de continuer à faire ce que nous avons toujours fait sans nous poser vraiment de questions. Une ambiance de travail médiocre est alors ingérable, non seulement psychiquement mais physiquement ; nous ne pouvons plus faire semblant, car cette sensation de perte de temps est quasi douloureuse. Le besoin de changements géographiques s'impose brutalement, et les séparations inattendues. En effet, des envies de partir ailleurs se font sentir, sans aucune raison objective, de même que de prendre de la distance avec notre cadre de vie, nos compagnons ou nos amis, comme si l'on sentait que cet environnement et ces relations étaient arrivés à leur terme.

Une maman me disait il y a quelques jours :

« C'est effroyable, je regarde mes enfants, mon bébé et mon mari, et je me dis qu'il faut que je les quitte. Tout cela sans raison alors que je ne suis pas déprimée et que je les aime. Suis-je en train de devenir folle ? »

Notre passé, nos bonheurs et succès, nos malheurs et contrariétés finissent par ne plus nous concerner tant ils semblent lointains, et en même temps, il y a comme une volonté de retrouver ces gens de notre passé au détriment de ceux du présent, comme si avant de faire un pas décisif en avant, il nous fallait jeter un regard sur ce qu'ils sont devenus. Nous nous sentons désorientés, en quête d'un sens à notre présence dans cet environnement.

Nos émotions nous entraînent dans des fluctuations de sentiment que nous ne maîtrisons pas. Nous pouvons pleurer pour ce qui nous semblait désuet et rester de marbre devant ce qui nous touchait profondément. Dureté et empathie se succèdent à un rythme anarchique et troublant. Nous ne parvenons plus à manger de la même manière, car notre corps demande moins, mais plus fréquemment, avec un besoin pressant de protéines pour affronter la grande fatigue. Nous « brûlons » beaucoup d'énergie pendant ces périodes, et nous frôlons régulièrement l'hypoglycémie, sans même avoir une activité débordante. Nous souffrons de problèmes digestifs ou du moins de ballonnements disgracieux après les repas car l'assimilation n'est plus la même. Il arrive que des aliments que nous aimions ne soient plus digestes, car ce changement de notre corps change également notre façon d'assimiler.

De terribles douleurs peuvent affecter certaines parties du corps, comme je le mentionnais précédemment, sans qu'aucun médecin n'en diagnostique la cause, d'où l'émergence de nouvelles pathologies, comme la fibromyalgie (ce n'est qu'un exemple), pour lesquelles il existe peu de remèdes actuellement. Je suis persuadée que ces nouvelles fréquences n'y sont pas étrangères.

Des douleurs cardiaques et des palpitations répondent au moindre stress, à tel point que l'on a l'impression que l'on ne va pas pouvoir tenir le coup. Le moindre mouvement, la moindre contrariété provoquent un bouleversement disproportionné. Alors que ces sensations sont provisoires et ressemblent à un réajustement du corps, notre émotivité est à son comble. Nombreux parmi nous sont ceux, de tous âges, qui souffrent de vertiges ou d'étourdissements impromptus sans qu'aucune cause médicale ne soit détectée et l'insécurité liée à notre équilibre accroît la sensation de stress. Il arrive aussi que l'on peine à trouver nos mots à cause de ce qui ressemble à petites pertes de mémoire. En effet, nous oublions jusqu'à ce que nous venions de dire, tout comme nous pouvons oublier ce que nous avons fait la veille ou il y a une heure. Et cette sorte de détachement nous poursuit dans tous nos faits et gestes, donnant l'impression que rien n'est important sauf ce que nous sommes en train de faire. « L'ici et maintenant » prend désormais tout son sens en notre Être, alors que nous évoluons dans une société construite sur les prévisions dans tous les domaines, ce qui est, là aussi, paradoxal.

Les acouphènes sont légion et touchent de plus en plus de personnes. Il y a bien sûr tout ce qui est lié au son très présent dans notre vie, puisque nous écoutons de la musique à des volumes exagérément élevés qui provoquent bien des dégâts au niveau de l'ouïe, mais il y a aussi le fait que nos oreilles perçoivent d'autres fréquences qui peuvent engendrer des perturbations gênantes qui disparaissent comme elles sont venues. Pour les yeux, c'est pareil. On peut être victime d'un brouillard visuel dû à une irritation oculaire qui va durer quelques jours voire plusieurs semaines et disparaître soudainement, sans laisser de traces. Parmi les symptômes les plus étranges, je reçois de nombreux témoignages de gens qui me disent avoir fait des expériences de « décorporations impromptues », c'est-à-dire qu'ils se sont retrouvés hors de leur corps, s'observant d'un coin du plafond. Ils ne savent pas si c'est en veille ou en rêve, mais ils en ont gardé un grand sentiment de peur. Les bourdonnements d'oreilles ressemblent fortement, toujours d'après des témoignages que je reçois, à ceux ressentis lors d'expériences dites « aux frontières de la mort. »

En effet, ceux qui racontent avoir traversé le fameux « tunnel » avant de revenir dans leur corps, disent subir les mêmes bourdonnements d'oreilles quotidiennement. Nombreux aussi sont ceux qui entendent des sons ou des voix indéterminés, et voient des ombres se mouvoir dans le coin externe de l'œil, provoquant un fort sentiment d'angoisse.

Ces symptômes, observés par un grand nombre de personnes, sont souvent des manifestations provisoires, mais peuvent durer assez longtemps, suffisamment pour créer des dérèglements dans la vie quotidienne. Certains peuvent s'apparenter à d'autres causes, c'est pourquoi il est parfois nécessaire d'investiguer avec l'aide de son médecin pour écarter tout doute.

Depuis bientôt dix ans, j'ai peu ou prou éprouvé la totalité de ces symptômes. Certains ont complètement disparu, d'autres sont immuables et d'autres encore vont et viennent au gré des changements de lune et autres fluctuations énergétiques. Nous sommes tributaires de l'invisible dans cette mutation. Comme tout le monde, je n'ai plus de temps. Chaque heure qui passe désormais ferme derrière elle la porte du passé, et tout semble immédiatement lointain et dépassé. Les réseaux sociaux sont le témoin de cette sensation, où tout va vite, tout change de minute en minute, nous éloignant irrémédiablement d'un monde qui a subsisté avec ses valeurs et tendances pendant des décennies, pour un monde qui meurt et renaît d'heure en heure. C'est à la fois déstabilisant et une véritable révolution, puisque le système politico-économique mondial s'en inspire pour avancer en quête de temps à travers des choix où les valeurs humaines sont assez malmenées.

Pour gagner du temps, on nous demande d'anticiper, de prévoir, afin qu'aucun grain de sable ne vienne stopper les rouages de l'horloge. Les prévisions sont à la mode, nous donnant des « menus » avec le sentiment qu'ainsi nous défions le cours de la vie, ayant toujours un coup d'avance, mais laissant assez peu de place aux événements eux-mêmes, qui sont survolés, superficiellement, pour laisser place à d'autres prévisions. La profondeur, la réflexion en pâtissent. Pas le temps d'aller au fond des choses, juste celui de jeter un œil à leur apparence, persuadés que c'est suffisant. Nous nous retrouvons donc face à un monde fait de « raccourcis », dont nous ne savons plus à quoi ils correspondent.

Nous « zappons » notre vie pour gagner quelques heures, au détriment des valeurs de l'humanité, et, paradoxalement, nous en souffrons. Nous pouvons, *via* les technologies, toucher une plus grande part d'humanité, mais nous la touchons toujours superficiellement, l'invitant à regarder seulement une vitrine de ce que nous voulons exprimer. Nous travaillons plus à la recherche d'un temps perdu, nous noyant dans les réseaux sociaux pour ne pas perdre notre lien au monde, un monde manipulé qui se réduit à quelques caractères jetés en vrac et quelques photos souvent truquées. Chacun se noie dans des faux-semblants.

Nous en sortons toujours plus mal et toujours plus seuls, car ces rapports atrophiés par l'*ego* ne nous nourrissent guère, et chacun, pour ne pas perdre le fil et rester intégré, essaie de reproduire ces façons d'être au quotidien.

Nous occultons les bons sentiments comme si cette virtualité nous autorisait à légitimer nos bas instincts au détriment de l'éducation qui nous sert de garde-fou à la violence. Les technologies ne sont pas les seules responsables, mais, alliées aux distorsions du temps, elles deviennent puissantes. L'*ego* a pris le pas sur la réalité, faisant de nous ses esclaves dans le mensonge qu'il alimente en permanence.

NOUS NE VOULONS PAS VIEILLIR

« L'inquiétude amène la vieillesse avant le temps », disait Ben Sira dit le Sage, un philosophe du IIe siècle avant notre ère. Ce n'est pas faux. Nous sommes tributaires de notre pauvre corps et nous essayons de le maintenir en état par tous les moyens, mais cela ne suffit pas. Il est lui aussi l'objet d'une course effrénée contre le temps. Nous avons décidé que le progrès serait un moyen pour empêcher nos cellules de vieillir. Pourquoi pas ? Mais au fond, à quoi répond cette nécessité lorsque nous voulons échapper à la vieillesse ? À la peur de la mort ? Ou au regard de ceux qui nous entourent ? Depuis le Moyen Âge, nous savons que l'on recherche le moyen de ne pas vieillir, mais à l'époque l'Église avait une influence considérable sur la société, la jeunesse éternelle était considérée comme l'apanage du Diable, et l'on n'osait pas absorber les philtres concoctés par les sorcières de peur d'être jugés comme hérétiques et de brûler en enfer. Aujourd'hui, on peut tenter de garder l'apparence de ses 16 ans, sous peine d'être parfois ridicule, voire monstrueux, lorsque la chirurgie esthétique n'est pas réussie. La vieillesse est taboue. À l'instar des États-Unis, et contrairement à d'autres nations qui savent utiliser l'expérience des plus anciens, notre pays pousse les seniors à l'extérieur du système. Une vision qui n'est pas conforme est considérée comme inutile ou extravagante. On ne discute pas, on applique la grande théorie du jeunisme. Seule la parole des moins de 45 ans, quelle qu'elle soit (en France, on est un senior à 45 ans), a une influence sur les structures institutionnelles. Cette parole, il va sans dire, n'est pas forcément miraculeuse, et l'on est dans l'obligation de faire appel à des consultants seniors, pour aider au redressement de certaines situations.

On a abaissé l'âge de l'entrée chez les seniors, et sans doute mus par la volonté de trouver cette jeunesse éternelle, on a peu à peu transformé notre monde en un monde d'« adulescents », c'est-à-dire d'adultes qui se comportent comme des adolescents. Les filles, les mères et les grands-mères ont presque la même apparence et les mêmes problèmes. Si l'âge existe bel et bien, la sagesse inhérente à celui-ci a disparu. Les mamies ont des crises d'ado, et les mères rivalisent avec leurs filles. *Idem* pour les pères et les grands-pères qui arborent la même apparence et vivent les mêmes frasques que leurs fils et petit-fils, tout cela « légitimé » par la fausse impression de « bonne santé » ou de jeunesse qui se dégage. L'immaturité est donc devenue une vertu sympathique, mais ses conséquences sont assez inquiétantes.

Si la nature régule ses variations thermiques, la nature humaine régule ses variations d'humeur. Une génération d'une autre sensibilité est en train de voir le jour, ne laissant plus de place à la fantaisie car elle n'est pas contrôlable. On est physiquement originaux, mais l'esprit ne suit pas, car toutes ces « révolutions » ne sont que « réglementaires » et doivent être conformes. Blasée par l'abondance de sons et d'images, cette société est de moins en moins dans l'émotion, mais de plus en plus ancrée dans l'incertitude et la peur de ne pas être conforme. On se fait remarquer par des postures, rarement par des idées. Notre psychisme et notre âme sont en souffrance et ne parviennent bien sûr pas à compenser par un langage commun, car on utilise de moins en moins de vocabulaire pour nous exprimer, mais de plus en plus de mots codés et connotés, quels que soient les domaines. On entend désormais des ministres s'exprimer comme des adolescents, et des technocrates comme des Youtubeurs. Est-ce que cela est rassurant ? Non. L'angoisse grandit devant un monde qui se peuple et se mélange sans parvenir à trouver un sens à son existence. On veut supprimer la vieillesse ou l'exclure, pensant que notre monde n'a pas besoin des « vieux » puisqu'ils ne sont plus productifs, et qu'ils nous rappellent notre fin inéluctable.

Il n'y a pas si longtemps, on voyait dans la vieillesse un parcours notable qui permettait d'accéder à la sagesse. D'après la définition, la sagesse c'est ce qui permet d'avoir un regard lucide et bienveillant sur les autres, de faire preuve de prudence et de tempérance, d'être sincère et de discerner. Faire preuve de bon sens. Qui n'a pas entendu une grand-mère ou un grand-père alerter sur un comportement inadéquat et inviter à la réflexion ? La vieillesse a cette capacité réconfortante, si on la considère avec respect. Nous sommes obnubilés par la vieillesse du corps, et prenons trop peu en considération ce que la maturité de l'esprit peut apporter. La maturité de l'esprit ne peut pas croître si on ne le nourrit pas. Elle est nourrie par l'expérience, à condition que celle-ci nous porte à révéler le meilleur de nous-mêmes. Elle ne peut le faire que si ce que nous avons vécu nous permet d'agir afin que le monde aille mieux et non l'inverse. L'immaturité, quant à elle, ne nous permet pas d'achever dignement le parcours de notre existence, elle en rompt le sens, nous enfermant dans une prison d'égoïsme et d'individualisme.

Comme un enfant qui ne porte pas encore un regard sur les autres, mais cherche à définir son espace, nous mettons des barrières psychologiques à tout ce qui peut nous permettre d'évoluer. Or, le sens de notre existence passe par l'évolution positive. Traverser des doutes et des crises est absolument normal, car nous sommes en perpétuelle mutation, mais refuser le chemin de l'évolution positive, c'est nier notre propre existence.

Je reçois beaucoup de mails de personnes qui attendent de moi des solutions à des problèmes vieux de dizaines d'années, et dès que je conseille de les considérer les uns après les autres, de les prendre un par un, et non dans leur globalité, je sens le découragement de mes interlocuteurs, car ils veulent une réponse immédiate. Impatients, ils partent frapper à d'autres portes où les attend la même réponse et ils finissent par revenir. La maturité croit avec la responsabilisation de chacun. Le changement énergétique que nous vivons a besoin de maturité et de responsabilisation. La maturité repose sur la connaissance de tout ce qui fut produit avant notre naissance. La culture est une base solide pour affronter le nouveau monde. Une idée répandue chez les jeunes, et même chez certains « moins jeunes », est qu'il semble naturel que tout ce qui a été produit, écrit, composé, construit et inventé avant leur naissance leur soit inconnu. Il est pourtant évident que se doter de culture, c'est justement connaître le maximum des éléments qui ont contribué à construire notre monde depuis que celui-ci existe. Se contenter de dire : « Je n'étais pas né » est le signe d'un manque inquiétant de curiosité et d'un certain autocentrisme. L'immaturité ne permet pas de fuir l'angoisse et l'anxiété. Au contraire, elle les renforce.

Dans la prestigieuse université américaine de Berkeley, les cours d'« *Adulting* » rencontrent un franc succès. Des milliers d'étudiants âgés de 20 à 30 ans s'inscrivent à ces cours pour y acquérir les « *life skills* », c'est-à-dire ces savoir-faire liés à la vie courante, qui ne leur ont pas été enseignés par leurs parents. Ces étudiants confessent qu'ils vivent dans l'anxiété car ils ne savent pas s'accomplir en tant qu'adultes et ne trouvent plus leur place. Ceci est bien une preuve qu'une société d'adulescents génère beaucoup d'angoisse.

ÉRADIQUER LA MORT

Nous naissons pour mourir, nous l'apprenons très tôt. Lorsque nous sommes enfants. Or, dans nos sociétés occidentales, nous sommes invariablement tenus à l'écart de la mort. Il faut vite oublier que le corps est périssable, comme si le seul fait d'y penser nous faisait endosser une terrible malédiction. On ne comprend pas que le bébé qui voit le jour a déjà enregistré l'idée de la mort pour l'avoir expérimenté mille fois, dans un « avant et ailleurs », même s'il n'en a aucun souvenir. Certes, expliquer à un bambin que l'idée même de la vie est précaire et fragile serait assez inapproprié, mais lui cacher la réalité de la mort est encore plus cruel. Nous ne grandissons et nous ne nous définissons que par rapport à ce départ qui peut survenir à tout moment. Comme nous ne savons pas gérer la douleur du deuil qui, encore une fois, est le début d'un chemin, nous tentons d'éradiquer cette mort. On la réduit à un échange commercial « clé en main », où l'on vous promet une fois le décès advenu, un enlèvement du corps et une mise en bière rapide ou un passage éclair au crématorium. Pour le reste, quelques fleurs et une jolie musique feront l'affaire. Tout se passe si vite que l'on se retrouve d'un coup seul face à l'absence, qui va devenir terriblement pesante, et ce non-accompagnement va faire de notre vie un fardeau de culpabilité intolérable.

« On reconnaît la valeur d'une civilisation à sa manière de traiter ses morts », me disait un célèbre prêtre, écrivain et poète de mes amis, David Maria Turoldo. Dans toutes les civilisations terrestres, l'accompagnement du mort est essentiel. Autrefois, la veillée funèbre était un moyen de rendre hommage au défunt en se relayant auprès de son corps. La famille et les amis se réunissaient alors pour parler de lui, le pleurer ensemble et dans certaines contrées méditerranéennes, on avait même recours à des pleureuses, habillées de noir, qui exprimaient haut et fort la peine de toute la communauté. On voilait également les miroirs de la maison car on pensait que l'âme du trépassé empruntait ce chemin pour rejoindre l'au-delà. Sans ce voile, on risquait donc d'y apercevoir le défunt de manière impromptue, et celui-ci, toujours selon cette superstition, ne pouvait s'élever qu'en emmenant la personne qui l'aurait surpris. Voiler les miroirs était donc une manière d'éviter que la mort ne frappe à nouveau dans la maison. Le traitement que l'on allait donner au défunt était non seulement un moyen de le préparer au grand voyage, mais aussi de se préparer au deuil. Le deuil était très codifié, puisqu'on devait l'afficher en portant des vêtements noirs. Je me suis longtemps demandé pourquoi le noir est considéré comme un élément de solennité dans nos pays occidentaux, et pourquoi il est associé au désespoir, à la mort, à l'autorité.

Je crois tout simplement que le noir protège de tout ce que l'on craint.

Tous ceux qui sont habillés de noir pour exercer leur charge ou leur sacerdoce, comme le prêtre et le juge qui reçoivent confessions et aveux de péchés et de crimes, les religieux qui doivent affronter les combats intérieurs avec les démons, les gendarmes d'autrefois qui devaient arrêter de dangereux criminels, utilisent inconsciemment le noir comme un bouclier censé impressionner l'interlocuteur. Moi-même, confrontée très souvent à la mort et à ses Esprits, je porte volontiers des vêtements noirs.

Autrefois, on affichait son deuil et c'était une manière de témoigner de son chagrin sans avoir à l'exprimer verbalement. On devait donc porter le deuil, ou le demi-deuil qui intervenait six mois après le décès. On portait le deuil pendant un an lorsqu'on était veuf, deux ans pour une veuve, neuf mois lorsqu'on perdait ses parents, etc. Cela peut paraître désuet, mais chaque matin en s'habillant, on suivait un rituel qui, de jour en jour, aidait à dépasser le chagrin du départ, puisqu'une compassion immédiate des autres s'exerçait à la vue des vêtements ou des brassards de deuil, et la compassion est une force que l'on reçoit et qui, en l'occurrence, est curative.

Pas besoin de parler, de dire ou de se justifier, le seul regard des autres était censé vous soutenir et c'était une façon de prouver chaque jour au défunt que non seulement on ne l'oubliait pas, mais qu'on vivait publiquement le manque de sa présence. En abandonnant le signe visuel du deuil, on en a camouflé l'impact anxiogène bien sûr, mais étrangement rendue plus difficile la possibilité de dépasser le choc psychologique causé par la mort de l'autre.

Je suis bien d'accord que ces traditions sont d'un autre temps et je ne milite aucunement pour le retour de ces pratiques, mais elles ont prouvé une certaine efficacité depuis la nuit des temps. Elles représentaient un accompagnement qui servait plus à sortir de sa propre détresse qu'à aider le défunt à s'élever.

De nos jours, parfois, en voulant aider l'agonisant à partir plus sereinement, on le retient en réalité ici par notre tristesse et notre souhait de ne pas le voir mourir. Celui-ci profite de la vacuité énergétique de notre absence provisoire pour décéder. Quelques minutes suffisent, et nous constatons à notre retour à son chevet que la mort est intervenue. D'un côté, nous culpabilisons de ne pas avoir été présents, comme si ce manquement bien souvent involontaire nous soumettait à des reproches silencieux, émanant la plupart du temps de notre inconscient, et d'un autre, nous faisons en sorte que le défunt ne meurt pas à la maison ou n'y soit pas exposé, car dans cette société de progrès, il n'est pas simple de veiller un mort à domicile. La première chose que l'on vous oppose, c'est le côté « pratique », et la liste des coûts engendrés par le matériel nécessaire au maintien de ce pauvre corps chez vous. On va bien sûr pourvoir à l'apparence du défunt en abandonnant l'accompagnement spirituel. Quand on sait qu'en Afrique, l'hommage au mort dure plusieurs jours, avec fête et rituels rassemblant quantité de connaissances et d'amis, chez nous cela se résout en peu de temps, avec la famille proche et ceux qui osent rendre visite aux endeuillés, car là encore, on a la sensation que la peur est prédominante. Contrairement au siècle dernier où l'on accourait dans la maison du deuil pour réconforter et rendre hommage, aujourd'hui on fuit, envoyant bien souvent un message laconique et prétextant le manque de temps pour justifier notre absence. Oui, on n'a plus le temps de prendre soin des morts. Prendre soin des morts, c'est prendre soin de ceux qui les entourent et souffrent de leur absence. « Je ne trouve pas les mots, je ne sais pas quoi dire » entend-on, ou encore « je préfère me souvenir de lui vivant ». Certes, il est compréhensible qu'un souvenir joyeux soit plus confortable qu'être confronté à la tragédie, pourtant, aider ceux qui l'affrontent est un joli moyen de grandir ou de témoigner de sa propre grandeur. « Je ne sais pas quoi dire, je ne trouve pas les mots » entends-je encore, comme s'il était nécessaire de parler. Être là, tenir une main ou prendre dans ses bras est un geste autrement plus puissant.

On nous cache la mort dès que nous naissons. On ne nous apprend pas à l'envisager comme une possibilité de tout instant. Envisager que tout peut s'arrêter à tout moment n'est pas angoissant si on l'utilise comme force de vie et non comme un frein morbide à celle-ci. Lorsque j'étais étudiante à la faculté de Bologne, en Italie, un professeur d'italien pour qui j'avais beaucoup d'affection, le professeur Ariotti, nous répétait fréquemment durant ses cours « il faut vivre avec la mort tel un corbeau sur son épaule ». Ce qui, à l'époque, provoquait terreur ou ricanements, mais qui signifiait que cet oiseau à la symbolique macabre que nous portons sur l'épaule en permanence nous rappelle la plénitude de chaque instant de notre vie. Dans cette époque où le temps s'accélère, nous pensons qu'éradiquer, voire zapper, la mort est un moyen de la nier. On ne nie pas ce qui donne tout son sens à la vie.

Que ferions-nous sans cet ultimatum implacable ? Quel sens aurait tout ce temps que nous passons à effectuer des gestes répétitifs ? Ne vivons-nous que pour être prisonniers du trafic quotidien ? Des obligations journalières ? Quel sens cela a-t-il ? La mort est l'échéance dont la date n'est connue que de la part mystérieuse de l'âme, pour réaliser ce que nous sommes venus faire en ce monde. Le terme « mission » est trop présomptueux, mais nous sommes venus vivre en ce passage terrestre pour apprendre. Apprendre à vivre et apprendre un peu plus qui nous sommes. Vivre sans prendre conscience que nous sommes des êtres mystérieux, incarnés en une longue chaîne génétique et généalogique, recelant des secrets, des possibilités et des remèdes, est la meilleure façon de passer à côté de son existence. Toute existence est utile et importante. Toute vie est indispensable aux autres, quelle que soit sa façon d'exprimer son Être.

Ce passage terrestre est l'un des plus compliqués par la multitude des genres qui se côtoient. Cette multitude n'enlève rien à la sacralité et l'unicité de chaque être humain, quelle que soit sa destinée. Je parle volontairement de destin, et j'ai déjà exprimé dans un autre ouvrage, quel était, d'après les informations que j'ai reçues de mes informateurs de l'Au-delà, le sens que je donnais à ce terme. Nous ne subissons pas le choix de notre incarnation, nous en subissons seulement les effets. Nous choisissons notre incarnation, nos parents, notre pays, notre milieu social en fonction de ceux qui nous accompagnent dans cette aventure, fussent-ils bienfaiteurs ou bourreaux. Nous en connaissons et reconnaissons intrinsèquement déjà certains, rencontrés dans des « ailleurs » précédant notre naissance, alors que nous en découvrons d'autres, inconnus de nous, mais avec lesquels nous allons cheminer. En fonction des compagnons, des rencontres, des expériences, nous progressons, et même si notre vie ne ressemble pas toujours à ce que nous souhaitons, nous avançons à grands pas. Chaque questionnement, chaque crise existentielle est un pas. Et que cela dure quelques heures ou plusieurs années, il existe forcément une réponse, même si elle ne correspond pas toujours à celle que l'on attend.

La volonté « d'éradiquer » la mort est donc une volonté de ne plus suivre un chemin, de refuser d'affronter ses propres peurs, et de rester blottis dans une tanière psychologique d'où l'on ne voudra plus sortir pour tenter de se connaître et donc d'accéder à d'autres voies d'évolution. Vouloir supprimer la mort, tout comme la vieillesse, fait partie d'un plan méphistophélien où les tréfonds de l'âme seraient ignorés.

NOUS VIVONS DANS LE TUMULTE

Les sociologues vous diront que non seulement nous ne perdons pas de temps, mais que nous en avons gagné d'année en année, chiffres à l'appui, car nous pouvons aujourd'hui réaliser plusieurs tâches en même temps, puisqu'il est prouvé que nous sommes devenus plus productifs. Je ne suis pas sûre que le fait d'engranger des gestes supplémentaires et plus rapides soit un gain de temps. Cette analyse des « multitâches » que nous sommes devenus démontre au contraire que nous percevons bien le temps qui s'accélère et que nous devons en faire plus pour garder la productivité requise. Faire plus et plus vite ne répond pas, selon moi, aux exigences d'un diktat, mais plutôt à une sensation de temps qui file toujours plus rapidement. Je sais que ce que je dis fera débat, mais peu importe. Cette sensation est bien là et ressentie par une grande majorité de gens, et elle provoque un véritable malaise. Il peut être justifié par le fait de vivre dans un monde dont nous recevons de multiples informations à chaque instant, entraînant à la fois une saturation psychologique et une envie d'en savoir plus. Nous nous levons souvent fatigués le matin et dans une appréhension toujours plus grande de ce que nous allons ressentir et capter dans la journée. Ce marasme quotidien, ponctué heureusement de moments plus sereins, tisse au fond de nous une toile où se bousculent l'envie de sortir de cette situation et l'incapacité de saisir les moyens de le faire. « Je ne sais plus où j'en suis », « je ne comprends pas ce qui m'arrive » sont des phrases récurrentes dans les mails et les lettres que je reçois, et qui concernent des personnes de tout âge et de toute classe sociale.

« Trop d'infos tuent l'info. » Devant ce malaise général se sont multipliées les installations de « marchands de bonheur » qui, offrant une thérapie alternative, assure une « guidance » rapide et efficace. Je ne combats pas ces thérapies, mais au moins 70 % de ceux qui les proposent n'ont aucun discernement, aucune réelle capacité à les appliquer. Des plaques apparaissent aux portes des maisons, et des « thérapeutes » exhibant une attestation de formation expresse (car ils deviennent souvent experts en un week-end ou deux seulement) viennent ajouter un peu de confusion aux problèmes existants. Ainsi depuis 2012, on a vu fleurir les médiums, les réflexologues et autres hypnotiseurs, qui sont légion, et j'en passe, car on relève des effets de modes dans ce domaine aussi. Néanmoins, je suis assez heureuse de constater que ces tendances ont eu le mérite d'ouvrir les consciences sur l'existence d'un invisible omnipotent. Certes, on mélange, on confond, on fait de tout cela une pâtée indigeste où l'on retrouve des histoires fantasques et des inventions sensationnelles d'où le pragmatisme et le bon sens ont disparu, mais au moins, ce magma ouvre les esprits à une certaine réflexion. Vous souffrez de solitude ou vous vous sentez abandonné ? On va forcément vous inventer l'existence d'un frère jumeau ou d'une sœur jumelle, morts dans le ventre de votre mère, vous laissant venir au monde à jamais esseulé. Vous êtes sensible ? On va vous dire « passeur d'âmes », ce qui ne veut absolument rien dire, mais qui va créer en vous une sensation de pouvoir dont vous ne saurez que faire puisque vous ne le ressentez pas et que vous ne savez pas l'utiliser.

On va vous trouver des défunts qui vous prennent méchamment en otage, vous empêchant de dormir et vous donnant des crampes d'estomac. Tout est bon pour diagnostiquer des problèmes invérifiables et auxquels on n'apportera souvent aucune solution. Sachons raison garder tout en nous félicitant que les diagnostics liés au domaine irrationnel soient si nombreux, c'est un signe d'ouverture. En réalité, cette rapidité exigée dans les actes quotidiens et cette surdose d'informations creusent le sentiment de solitude. Être seul et entouré est beaucoup plus angoissant qu'être seul sur une île déserte. Avec cette impression que même ceux qui nous sont chers, les garants de notre bonheur, ne peuvent plus empêcher cette sensation d'abandon.

Que choisir ? Vers qui se diriger ? À qui parler ? Je reçois chaque jour de très nombreux messages donc, me disant approximativement :

« Patricia, je sais que vous allez penser que je suis fou (ou folle), mais je ne sais plus où j'en suis malgré mon âge avancé et mon parcours sans faille, je ne comprends pas ce qui se passe et pourquoi, tout à coup, je ne peux plus avancer. »

Comment expliquer l'inexplicable ? Comment expliquer que subitement l'on ait envie de repartir de zéro sans savoir ni comment ni pourquoi ? S'ajoutent à cela de nouveaux phénomènes qui touchent non seulement ceux qui étaient ouverts à la spiritualité et au domaine paranormal, mais aussi ceux qui ne s'y sont jamais intéressés et plus encore s'en sont moqués. De nouvelles sensations apparaissent, mêlant ressentis déstabilisants et visions troublantes.

Élodie m'écrit. Elle a mené pendant des années une vie d'employée de banque, mère de famille et femme active, rationnelle et très occupée. Depuis quelques mois, elle ressent des présences dans sa maison. Elle met cela sur le dos d'anxiétés latentes et tente de les dépasser. Un soir, elle voit des ombres passer dans le couloir de la maison, puis une femme traverser sa chambre et disparaître dans le mur. Elle prend peur et continue de garder secrètes ces expériences qu'elle juge terrifiantes et qui vont se multiplier. Elle s'en ouvre à une amie qui l'incite à m'écrire.

Je la rassure en lui expliquant que des facultés bien humaines se réveillent en elle et qu'il va lui falloir apprendre à les accueillir et les intégrer.

« Comment ? Vous vous rendez compte que je suis bouleversée ? Que je me sens si différente, et que tout semble si différent autour de moi ! »

Bien sûr que je la comprends. Moi aussi, j'ai vécu la même chose il y a presque 25 ans. Comment lui expliquer que nous sommes bien plus complexes que nous ne le croyons ? Comment expliquer que si toutes nos facultés, dont la majeure partie est en sommeil, s'éveillaient, nous serions capables d'appréhender tout ce que nous ignorons et pourrions être en connexion avec ce que nous fûmes depuis la nuit des temps et ce que nous serons jusqu'à la fin de ceux-ci en même temps.

Nous sommes un super logiciel dont nous n'utilisons qu'un programme auquel nous faisons exécuter toujours les mêmes tâches. Élodie l'a compris peu à peu et a aujourd'hui intégré ses nouvelles capacités et changé de travail, l'ancien ne correspondant plus à ce qu'elle devient. Les énergies actuelles ouvrent de nouveaux mondes en nous, qui ressemblent d'abord à de longs déserts inquiétants qui, lorsque nous avons le courage de les traverser, recèlent de fabuleuses oasis de savoir. Cette vibration terrestre qui s'accroît provoque le réveil de mémoires en tous lieux, de manifestations nouvelles qui apparaissent là où jamais l'on n'avait ressenti le moindre trouble. Certains ne se sentent plus bien dans la maison qui les a protégés pendant des années, d'autres ont envie de construire leur refuge en des endroits auxquels ils n'avaient jamais pensé auparavant.

Les mers sont inondées de plastique, de gigantesques forêts brûlent et nous comprenons que même si ceux qui détiennent le pouvoir sur cette planète ne prennent pas souvent les bonnes décisions, nous sommes capables de changer le cours des choses. C'est une sensation enfouie au fond de nous qui pousse chaque jour notre raison à accepter cette autre partie de notre être si subtile et si puissante. Nous ressentons, nous savons désormais que ce qui nous paraissait si occulte et si fou il y a encore peu de temps s'ouvre à nous, irrésistiblement. Les fantômes, les mémoires, les prémonitions et les pouvoirs magnétiques de guérison, s'ils faisaient l'objet de discussions à faire frémir à la fin des repas, sont aujourd'hui des réalités acceptées de la plupart des gens et pratiquées de plus en plus ouvertement. Les magnétiseurs font leur apparition dans les hôpitaux et les hypnotiseurs dans les entreprises. Nous avons vécu tributaires de nos éducations et de nos sociétés religieuses, et si celles-ci sont toujours à nos yeux les garantes d'une certaine moralité, nous savons que l'essence de toute chose est en nous, venue d'un mystère bien plus profond. Ces énergies nouvelles inaugurent donc des voies inédites. Nos capteurs s'ouvrent peu à peu, et nous permettent de nous développer différemment avec une conviction plus ferme, même si elle est encore timide.

Quel désarroi de devoir vivre suivant son instinct alors que nous évoluons dans une société où tout est calculé, lissé, géolocalisé et où l'imprévu n'a pas sa place. Chaque jour, on nous demande de fermer les portes à la fantaisie ou à l'improvisation, ennemies jurées de ce monde où les empreintes des pas que nous ferons sont déjà dessinées. Comment laisser alors entrer la providence ? La providence, cette impulsion mystérieuse liée à notre destin et sortie du plus profond de notre âme, qui balise notre route avec des personnages et des événements censés nous faire évoluer ou nous rappeler le sens de cette existence. Jean m'a écrit. Il me dit que, cadre dans une entreprise depuis vingt ans, il a la sensation que son existence est bloquée et que rien ne s'y passe hormis les gestes quotidiens qu'il effectue dans son travail. Il aime ce travail, dit-il, mais il lui semble que tout est une répétition insupportable d'automatismes qui privent sa vie d'un sens sacré. Je lui ai répondu que voilà bien longtemps qu'il refuse l'entrée de la providence dans son existence. Ce souffle imprévu, cette main ineffable qui mettent, tout à coup, sur notre chemin de nouveaux individus, indispensables à notre parcours, ou de situations capables de bouleverser positivement ces automatismes qui ne permettent plus, parfois, qu'une vie organique.

« Comment fait-on ? » me demande-t-il.

Depuis combien de temps Jean applique-t-il à sa vie privée le même cadrage que dans sa vie professionnelle ? Depuis combien de temps est-il accro à son travail au point d'emporter des dossiers en vacances ou d'être toujours joignable par sa hiérarchie ? Les ennuis commencent là. Un cadrage rigide et quasi absurde que l'on juge inéluctable et vital, mais qui au fond nous rassure dans sa manière de nous éviter de penser à qui nous sommes vraiment. Jean a peur de lui-même, cherchant en permanence par ses activités multiples le plus sûr moyen de se fuir. Être là où il n'est pas encore devient sa raison de vivre, sans jamais s'attacher au moment présent. Nous nous fuyons dans le tumulte et le tumulte nous incite à fuir toujours plus. Plus nous nous fuyons, plus nous nous perdons, provoquant ce sentiment d'angoisse lié à la sensation d'abandon de la vie elle-même. Les informations que nous envoie la Terre désormais ne nous permettent plus d'échapper à nous-mêmes sans être bloqués, physiquement ou psychologiquement. Ce qui était possible autrefois ne l'est plus. Il y a quelques années encore, le sens du devoir incitait à ne pas dévier du chemin que l'on s'était tracé, vivant à contre-courant de ses souhaits.

Aujourd'hui, c'est pratiquement impossible. Le cœur, le corps et l'esprit ne peuvent résister à ces forces qui nous alimentent. Ce qui peut expliquer que tout est si mouvant et si anarchique, car bien souvent ces désirs ne s'appuient pas sur des raisons profondes et réfléchies, mais juste sur des impulsions. Il y a une inadéquation entre les énergies qui nous meuvent et les réelles motivations de nos actes, d'où cette disharmonie qui débouche sur une forme d'agressivité, tout droit venue de l'incompréhension de ce qui nous est demandé.

QUE NOUS DEMANDE LE CHANGEMENT ?

Tout nous semble devenu si facile. Nous croulons sous les propositions de ce quotidien facilité par l'intelligence artificielle, la robotique, les réseaux sociaux, sans pour autant trouver les réponses aux questionnements engendrés par un mal-être croissant. Les impulsions énergétiques nous percutent, modifiant peu à peu les informations de nos cellules et métamorphosant les humains que nous sommes. Elles nous offrent la rapidité des automatismes, mais nous privent de ce temps nécessaire à l'introspection. Or, la solution réside dans l'introspection. Je ne suis pas psychologue, mais bien souvent, les cris de détresse que je reçois sont ceux de gens qui me demandent d'aller chercher à leur place les réponses qui sont en eux.

Anaïs m'écrit une longue lettre sur sa situation compliquée, que ce soit dans sa vie personnelle ou dans son travail. Elle ne s'y retrouve plus, et à trente-cinq ans, me demande ce qu'elle doit faire. Bien que beaucoup s'en défendent, on va aujourd'hui plus facilement chez une voyante ou une médium afin qu'à travers les tarots, elle vous donne une solution immédiate à votre problème. Voilà la première erreur. Les cartes ne proposent qu'une sorte d'état des lieux de nos sentiments et ne peuvent en aucun cas décider de ce que nous devons faire. Et personne ne peut décider de la vie de quiconque, mais Anaïs tente malgré tout cette démarche en s'adressant à moi, et me demande de faire SES choix. Je ne suis pas voyante et les prérogatives d'une médium, contrairement à ce que l'on imagine, ne sont pas de dire ce que l'on a à faire. Je la renvoie à sa situation et à ce qui l'a amenée à en arriver là.

La réponse est presque toujours la même : la peur de prendre une décision et avant cela, d'y réfléchir. Réfléchir, aller au-dedans de soi, fouiller dans les méandres de ses pensées véritables, car, hélas, par confort, l'on ne cesse de se mentir, sans prendre le temps de l'introspection et de la réflexion. Sa réponse est sans appel : « Je ne pourrai pas aller en moi, je ne sais pas comment faire et j'ai bien trop peur ! » Ce que je décrypte alors, c'est que cette peur nous conduit au mensonge, celui qui, en voulant nous rassurer, nous prive de ce que nous sommes vraiment et nous empêche donc de libérer certaines forces. Notre âme recèle une énergie incroyable, méconnue, moteur de nos actes importants. Nous y puisons des fragments pour survivre au quotidien et pour les gestes élémentaires, mais nous abandonnons souvent lorsqu'il s'agit d'incarner ce que nous sommes venus faire ici, comme si cette mission n'était qu'un conte agréable à écouter, mais impossible à vivre. Nous lâchons par peur, par découragement ou par habitude, tandis que là, au fond de nous, sommeille cette énergie incroyable qui ne demande qu'un peu d'écoute et de courage. Il faut avoir le courage d'écouter cette petite voix qui nous dit si ce que nous faisons est juste pour nous. Ne la confondons pas avec la peur qui bloque absolument tout ce qui pourrait nous être bénéfique. Cette petite voix est une indication immédiate qui ne répond ni à la crainte ni au calcul. Elle est indépendante, hors de toute influence et émotion et connectée à une source inconsciente qui nous échappe avec les lignes du destin que nous nous sommes tracées. Nous choisissons, nous élaborons ce destin avec l'aide d'une force intelligente et immanente dont le but est de nous faire évoluer. Nous traçons ce destin bien avant de voir le jour terrestre, et le scénario ne passe pas forcément par ce que nous désirons le plus ici et maintenant, qui peut être lié au matériel et à des considérations superficielles, mais bien ce qui est nécessaire à notre cheminement dans un plan qu'il nous est difficile d'appréhender dans notre condition humaine.

La peur de l'introspection, de nous immerger dans des blessures du passé ou des souvenirs refoulés nous tient souvent loin de notre vie souhaitée, par prudence, voire par lâcheté, parce que nous considérons que nous regarder signifie nous juger. Il ne s'agit pas bien sûr de cela, mais bien de l'accueillir en nous. Nous sommes un tout complexe et parfois incohérent, capable du pire et du meilleur, mais toujours suivant une volonté de mieux faire. Nous grandissons ainsi, jusqu'au moment où la peur, l'échec et l'habitude nous transportent dans un repli de méfiance. La peur engendre la violence, et notre monde est un monde qui a peur. Ce que nous émettons prend corps. Ainsi, une pensée, liée à une autre pensée, devient un égrégore qui influe sur nos actes et nos réactions. Un lieu où l'on se sent bien est un lieu où les pensées positives se sont engrangées obligeant tout nouvel arrivant à abandonner ses pensées négatives et à émettre de nouvelles pensées positives. En revanche, des pensées négatives vont engendrer et attirer d'autres pensées négatives, c'est un cercle vicieux.

Ludovic m'écrit pour me parler du décès de sa mère qui l'a beaucoup affecté. Il ne parvient pas à dépasser cet immense chagrin et me confie qu'au fond il est conscient d'avoir fait vivre à celle-ci un véritable enfer par ses frasques et surtout son caractère, mais, me dit-il, « elle a su me prendre comme j'étais. »

Je lui fais remarquer qu'infliger aux autres les rugosités de son caractère n'est pas irréversible, et qu'en étant lucide sur son manque de sociabilité, on peut y travailler jour après jour, et que nous sommes là pour cela.

« Je n'ai pas envie de me mentir…

– Se mentir n'est pas travailler à devenir plus sociable, lui répondis-je. Se mentir serait se convaincre qu'on l'est malgré tout. On peut travailler à être sincère, en allant au delà des histoires que nous nous racontons pour nous convaincre que nous sommes meilleurs. »

Avancer en ayant conscience de soi-même et des progrès que l'on fait est essentiel pour mieux vivre avec les autres, et c'est précisément ce que nous sommes venus faire en ce monde. Depuis quelques années, on parle beaucoup de méditation, et c'est une fort belle chose lorsqu'elle est pratiquée avec sérieux et discernement. Je constate que pour beaucoup, elle est en train de devenir assez superficielle, au risque de se muer en un produit mercantile. On la pratique pour canaliser son stress et rechercher le calme en soi, mais la méditation n'a de limites que si on lui en impose. Or, les cinq à dix minutes consacrées chaque matin, ou dans la journée, à respirer un peu deviennent souvent un cercle vicieux car à la longue ces méditations, me dit-on, n'ont plus beaucoup d'effets sur certains. Ce n'est bien sûr pas la méditation qui devient impuissante, mais bien certaines personnes qui deviennent inaptes à méditer, car elles finissent par la « dompter », comme elles domptent leurs activités quotidiennes. Dompter signifie « soumettre à son autorité ». Il est inquiétant de constater que l'on peut méditer en laissant son mental reprendre la main sur ces petits espaces de liberté intérieurs. Tout y est : la posture, les yeux fermés, la respiration, mais le mental ne veut pas lâcher, alors la méditation vire à l'automatisme.

Il est évident que si l'on veut se libérer des barrières infligées par le rythme du quotidien, il ne faut pas faire semblant. On fait semblant parfois sans le savoir, car on est très loin de soi. Le mot « authenticité » devient un mot étrange, pris en otage par les diktats de l'apparence et le regard des autres. Être authentique, être vrai, est alors confondu avec « être spontané », c'est-à-dire peu réfléchi. Il y a des gens pour lesquels aller chercher en soi ne signifie rien, tandis que pour d'autres, c'est une exploration aventureuse d'où l'on risque de ne pas revenir indemne. Là encore cette immaturité que je mentionnais précédemment y est pour quelque chose. On ne peut se poser les bonnes questions que lorsque celles-ci ont mûri jour après jour. Pour ne pas être douloureuses, ces nouvelles forces de la Terre doivent pouvoir s'appuyer sur une solide confiance en soi. L'estime de soi et la confiance, qui sont deux attributs souvent déficients, sont des vecteurs désormais indispensables. Être bousculé par des forces qui nous poussent à avancer alors que l'on a une piètre estime de soi peut provoquer des comportements ou des actions anarchiques, peu rationnelles. Soyons plus ancrés que jamais. Nos pieds sur Terre nous empêcheront de décoller à la moindre manifestation inexpliquée ou au ressenti nouveau.

Notre ancrage est lié à notre capacité d'adaptation, que ce soit aux domaines de l'étrange, mais aussi à la société. Combien de personnes s'intéressant au paranormal ou pratiquant quelques disciplines alternatives « décollent » littéralement pour ne s'exprimer que dans un langage ésotérique qui a tendance, non pas à séduire, mais plutôt à dissuader. L'ancrage est donc essentiel dans ce bouleversement dont la Terre est la cible et la protagoniste.

Nous sommes conscients des outrages qu'elle subit, des dommages que lui inflige l'humanité, accélérant ce processus naturel qui a commencé.

La Terre sera toujours là lorsque l'humanité (comme les dinosaures en leur temps) aura disparu. Elle régulera ces attaques par des moyens que nous aurons à craindre. Nous ne pouvons considérer la planète comme une entité qui aurait de la compassion pour nous. Elle fonctionne automatiquement en réajustant les désordres infligés, quitte à ce que nous en pâtissions. Aussi, il est évident que seule la Terre qui nous porte et qui nous nourrit peut nous consoler et c'est en son sein que l'on doit chercher la paix intérieure. Cela semble un peu simpliste, et a déjà entendu tant de fois, pourtant, a-t-on vraiment compris l'importance de vivre dans la nature ou à proximité de celle-ci ? Outre le fait de prendre un bol d'air et de contempler de beaux paysages, nous communiquons en permanence avec elle. Elle recharge nos batteries et absorbe nos angoisses.

Ce n'est pas un hasard si saint Louis rendait la justice sous un chêne, et toute une littérature nous enseigne à communiquer avec les arbres. Ils sont nos thérapeutes, ressentent absolument tout ce qui nous habite, tant nos émotions que nos sentiments. Tels des géants bienfaisants ils nous embrassent de leur énergie et calment nos angoisses. Ils sont capables de tout transformer pour redonner encore et encore de belles forces à notre environnement, c'est pourquoi les villes seront pansées de leurs plaies en implantant des arbres pour lutter contre le changement climatique. L'homme s'en portera mieux. Nous sommes dépendants de cet environnement et nous sommes les premières victimes de sa destruction.

LE RÉVEIL DES MÉMOIRES

Tout semble s'éveiller. Ce qui est en nous et à l'extérieur de nous.

Je n'ai jamais été autant sollicitée que depuis quelques mois où, de manière assez brutale, énormément de lieux qui étaient en sommeil depuis fort longtemps se sont éveillés. Sans doute aussi, leurs propriétaires ont enfin été capables de ressentir et d'y voir certaines manifestations. Des lieux ancestraux, propriétés familiales, se sont mis à émettre des vibrations très fortes, poussant les habitants soit à s'y installer définitivement soit à les quitter.

« Pourquoi ? » me demande Marie-Élise, dont la famille vit dans un château depuis le XVe siècle, qui aujourd'hui fait claquer ses portes, souffle de l'air froid sur la nuque des invités et fait passer des ombres dans les chambres durant la nuit.

« Jamais, ni mon père, ni mon grand-père, n'avaient vécu cela ici. Aujourd'hui, nous ne sommes plus rassurés dans ce château familial. »

Et pour cause ! Avec les nouvelles énergies qui vont croissant, le château peut enfin s'exprimer. Comme un magnétophone, les murs repassent en boucle les tragédies (souvent plus importantes que les moments de bonheur), et quelques esprits fantomatiques réussissent désormais à se manifester. J'explique à Marie-Élise que rien n'a changé, mais que les énergies en présence servent de haut-parleurs tout doucement.

« Comment arrêter tout cela ? » demande-t-elle.

Je comprends son désarroi et lui explique que seule la montée en puissance de sa propre vibration permettra à chaque chose de rentrer dans l'ordre, en ce qui concerne les mémoires.

« Pour le reste, un peu d'autorité, d'empathie et de pensées-prières d'amour pour les pauvres âmes tourmentées leur permettra de trouver le repos. »

Il n'est pas difficile de retrouver le calme. Les perturbations sont souvent soutenues par nos propres névroses et notre volonté inconsciente de les voir continuer. Un peu d'autorité pour rétablir une sérénité qui devrait l'emporter sur le négatif. Il est vrai que je conseille souvent aux personnes dont la maison a de mauvaises vibrations d'y inviter des amis, d'y passer de la musique (Mozart en boucle pendant l'absence des habitants dans la journée), des rires et de la fête de temps à autre, rien de tel pour venir à bout de la tristesse, de l'hostilité ou la morosité. Ne pas se laisser « avoir » au risque de tomber en dépression.

« Je travaille dans un abattoir depuis quinze ans et avec certains collègues, nous voyons des fantômes de vaches depuis une semaine », m'écrit Éric, abasourdi. Il m'assure qu'il était à jeun et très impressionné par ce défilé de vaches de l'autre monde ou désirant y partir.

« On le voit bien qu'elles sont mortes mais... ça veut dire qu'elles ont une âme ? »

Bien obligée d'avouer que ces vaches qu'ils abattent chaque jour ont elles aussi une âme, une sensibilité, des sentiments, même si leur apparence et la manière de les exprimer sont différentes de la nôtre. Ce sont sans doute des mémoires de l'abattoir qui se sont réveillées comme un film que l'on projette. Mais cela peut être aussi des manifestations des esprits de ces pauvres vaches surprises par la brutalité de leur mort. Quel drame pour Éric qui n'a plus travaillé de la même façon. D'ailleurs je crois qu'à l'heure où j'écris ces lignes il a changé de métier. On ne peut pas ne pas être bouleversé par le réveil de certaines de nos capacités, qui non seulement nous font vivre une autre réalité, mais changent profondément notre manière de penser. C'est ainsi, sans fanatisme et sans hystérie. On se transforme peu à peu en profondeur.

« Vous ne me croirez pas, m'écrit Gisèle. J'ai quatre-vingt-deux ans, je n'ai jamais rien vécu de particulièrement étrange de toute ma vie, et pourtant, bien qu'ayant toute ma tête, je vois ma mère me rendre visite tous les soirs (sauf hier) et me dire combien elle m'aime.

Elle s'assied au bord de mon lit, vers 23 heures et nous discutons. Elle est si réelle ! Elle me dit des choses qui se réalisent par la suite. »

Je lui demande de me citer des exemples.

« Elle me dit : demain tu auras la visite de Chloé (c'est ma petite fille qui vient très rarement). Eh bien, effectivement, le lendemain, Chloé est venue me voir. C'est incroyable ! »

Gisèle s'est éveillée à la médiumnité à quatre-vingt-deux ans pour « recevoir » sa propre mère décédée il y a bien des années, car il n'y a pas d'âge et pas de conditions particulières pour accueillir. C'est le grand mystère des humains que nous sommes. Nous sommes loin de comprendre notre propre fonctionnement. Ce réveil nous incite à prendre conscience et nous ouvrir à tout ce qui nous entoure. Bousculer nos croyances, balayer nos habitudes et entrer dans une autre vision du monde, plus vaste et sans limites, où la mort que l'on redoute tant n'est plus qu'un passage vers une autre vie. Certains y croient, d'autres pas, mais à l'heure où tout s'ouvre en nous, cela n'est plus une croyance, mais bien une certitude.

LES ANIMAUX ONT UNE ÂME

Cette prise de conscience fait partie des grands changements que nous vivons. Depuis que nous sommes sur Terre, nous avons considéré que les animaux, si différents de nous, même s'ils étaient touchants lorsque nous les adoptions comme compagnons, n'étaient que des êtres subalternes et une réserve potentielle de nourriture pour notre survie. Notre vision est en train d'évoluer et nous les regardons à présent comme des êtres précieux et intelligents, sensibles et conscients. En France, cette prise de conscience s'est concrétisée par le vote d'un projet de loi par l'Assemblée nationale le 28 janvier 2015, qui précise : l'animal est « désormais reconnu comme un être vivant doué de sensibilité » (Code civil, article 515-14) et n'est plus considéré comme un bien meuble (article 528). Ce texte vient enfin à bout de deux cents ans de vision archaïque du droit français, et prend en compte les valeurs éthiques et les connaissances scientifiques de notre société du XXIe siècle, souligne ainsi la Fondation 30 Millions d'amis. « Pas trop tôt » m'écriai-je, mais en quoi cela bouscule-t-il ce que nous sommes profondément et aura un impact sur ce que nous devenons ?

Le simple fait de regarder les autres êtres vivant sur Terre avec respect et reconnaissance signifie que nous avons développé une sensibilité particulière, inexistante pendant des siècles.

Bien sûr, de grandes différences subsistent encore en fonction des cultures, mais il faut reconnaître aux réseaux sociaux leur utilité pour avoir diffusé des vidéos animalières qui nous ont montré que nous étions loin de comprendre l'intelligence de nos colocataires. Ainsi, depuis une dizaine d'années environ, cette prise de conscience a contribué à sensibiliser et à changer les habitudes alimentaires. Ne serait-ce qu'en France, d'après un sondage mené par l'Institut Harris Interactive, 50 %

des Français souhaitent augmenter leur consommation de produits végétaux.

L'impulsion est lancée, et cela ne fonctionne pas seulement par un effet de mode, mais bien par un sentiment croissant, pour certains, d'impossibilité de mastiquer de la viande. Tout cela est le corollaire de notre besoin urgent de protéger la planète, mais aussi, et toujours *via* le même processus d'ouverture de certains de nos capteurs, notre besoin de ne plus vouloir détruire la vie.

Ce respect de la vie fait partie de nous et il est bien plus fort que le désir de pouvoir et de domination, engendré par un terrible besoin de reconnaissance et une fragilité existentielle et affective. Celui qui EST, conscient de ce qu'il est, n'a pas besoin de jouer des coudes avec ses congénères et de montrer sa supériorité en utilisant un fusil. Cette nouvelle sensation provoque un joli chaos sur notre planète où se côtoient ceux qui réagissent encore comme par le passé et ceux qui savent que tout ceci est absurde et abominable.

Le nombre croissant des militants pour la cause animale et une meilleure alimentation commencent à peser sur les structures existantes. En revanche, les réactions négatives sont proportionnelles à ce bel enthousiasme. Regarder sur Internet ces chasseurs d'éléphants et leurs « trophées » qui nous tirent les larmes et réveillent notre indignation, alors qu'il y a encore quelques années, nous regardions indifférents ces actes monstrueux. Nous changeons. Nos émotions à fleur de peau sont nécessaires pour avancer. Les nouvelles énergies qui nous entourent nous poussent à réagir vivement car elles provoquent une saturation de l'insupportable. Ce n'est pas tant mus par des idéaux que nous éprouvons cette saturation qui nous pousse à prendre les grandes décisions. La cause animale fait désormais partie de nos priorités. Nous aimons nos colocataires. Désormais, nous chassons une guêpe plutôt que la tuons.

Mais respecter n'est pas suffisant, nous voulons en savoir plus, savoir si ces animaux ont une âme, une capacité d'évolution. C'est bien sûr par rapport à cette évolution que nous nous plaçons pour juger de l'intérêt de l'existence. Savoir ce qu'un être ressent nous amène à le considérer quasiment sur un pied d'égalité, car là est notre problème. Nous n'aimons que ce qui nous ressemble. L'anthropomorphisme est notre faiblesse. Ramener tout ce qui nous entoure à nos caractères et nos déviances est la condition de notre intérêt. Nous détruisons ce qui nous semble sans intérêt, loin de nos sentiments, mais dès qu'un être ou une chose nous mime ou semble posséder l'un de nos réflexes, il devient le centre de notre attention. Notre intelligence ne peut s'empêcher de juger, jauger, classifier... et détruire. Acceptons donc que l'autre soit notre égal dans le droit à la vie et au respect. De l'araignée à l'éléphant, leur présence n'est pas accidentelle, mais utile. Les animaux ont une âme, et les médiums savent qu'ils suivent une évolution égale à la nôtre par-delà la vie terrestre. Nous ne sommes pas les seuls à mériter d'accéder à des niveaux supérieurs où ni la parole ni la réflexion ne sont utiles. Seul l'amour est loi, et ici-bas nous sommes bien en peine de définir cet amour-là, tant nous en avons des représentations limitées.

Cette nouvelle compassion et cette intolérance à la maltraitance animalière nous élèvent, mais elles creusent aussi dans le même temps le fossé qui nous sépare de ceux qui ne sont pas sur la même fréquence que nous.

Car le problème de cette transition est bien celui-là : nous sommes inégaux devant les intérêts et la sauvegarde de notre monde.

QU'EN EST-IL DE NOTRE « MISSION » SUR TERRE ?

J'ai toujours trouvé le mot « mission » pompeux, nous assimilant à des agents spéciaux venus là pour exécuter un contrat. Notre existence a certes un sens, mais personne ne saurait dire précisément ce qu'il est venu faire ici, à part donner un sens à son quotidien et y trouver des moyens de subsistance.

En cette époque de grande fatigue, de lassitude, trouver un sens devient difficile. Et pourtant, imaginer que nous avons choisi de vivre cette transition est une idée passionnante.

« On ne t'a jamais dit que ce serait facile, mais nous t'assurons que c'est indispensable. » Ce message reçu de ceux qui dans l'invisible veillent, m'a cent fois réconfortée. Les mails affluent dans ma boîte, avec toujours ou presque les mêmes questions : « Patricia, quel est le sens de mon existence où rien de passionnant ne se passe et où tout semble bloqué dans une insupportable routine ? » L'apparition de la lecture, la littérature et surtout la multiplication des médias ont permis de raconter bien des histoires. Nous vivons entourés de fictions, et prétendons donc que notre Vie en est une.

Nous désirons une vie à cette image avec un scénario bien ficelé où amour et rebondissements sont légion, mais sans tenir compte de ce que nous sommes réellement et surtout sans rien faire. La virtualité a pris place dans nos vies, mais elle n'est que virtuelle, une illusion domptée, mais inefficace dans notre parcours sur Terre. Nous ne pouvons vivre par procuration. Ces faux-semblants, que ce soit dans les histoires que nous tentons de nous raconter ou dans l'apparence que nous essayons de nous donner, ne sont que des images sans consistance. La réalité nous rattrape chaque soir lorsque nous allons nous coucher alors qu'entre veille et sommeil nous faisons le fameux bilan de la journée. Là, l'angoisse apparaît, et la question qui sommeille au fond de nous remonte à la surface : « où en es-tu ? »

Insupportable, il faut la fuir, et les moyens sont multiples.

Mais elle revient sans cesse, plus fascinante et plus impitoyable :

« Où en es-tu ? »

« Je suis bien trop fatiguée et désespérée pour tenter d'y répondre », m'avoue Cécile qui fuit une existence qu'elle trouve dénuée d'intérêt. « Je vieillis, je n'ai pas fondé de famille, et bientôt je serai à la retraite sans rien avoir fait de brillant ni d'excitant. J'ai dû rater ma mission. »

Il est déjà si remarquable de se lever le matin pour aller gagner sa vie, s'accommoder de ses défaillances physiques voire de ses handicaps, courir sans cesse, s'occuper de son foyer, élever des enfants et leur assurer un futur. Aurions-nous besoin d'une autre mission que celle-ci ? Je trouve que celle du quotidien de chacun est essentielle, et ce n'est pas parce qu'on la trouve peu intéressante qu'elle n'est pas importante. Celui qui bouge et agit dans l'intérêt de tous, de l'autre, des autres, quelle que soit son activité, exerce une véritable mission spirituelle. Inutile d'aller chercher des explications pompeuses pour se valoriser, chacun de nos mouvements lorsqu'il est fait dans l'intérêt collectif est indispensable.

Le problème a surgi avec la médiatisation des héros auxquels on a envie de ressembler, certes, mais qui dans leur mission n'ont rien d'admirable spirituellement. Nous avons une vision déformée de ce qui est important. Ce doit être grandiose et nécessiter beaucoup de courage pour marquer les esprits. Ne confondons-nous pas cela avec le besoin d'être reconnu ?

Cette sempiternelle quête de reconnaissance ! Devenir le héros d'une mission, non parce que la mission est essentielle, mais parce que le héros est admiré et reçoit gloire et reconnaissance de tous. Alors que nos véritables missions sont dans des actes parfois plus humbles, mais essentiels : ne pas écraser délibérément une fourmi, sauver un oisillon tombé du nid, bref, respecter l'autre, sauver une vie, quelle qu'elle soit, préserver ce qui respire, évolue tout comme nous. Mais c'est sans compter sur l'estime de soi, soutenue par l'ego, qui souffre s'il n'est pas flatté de temps en temps par quelques louanges. Quelle est notre mission ? Vivre tout simplement, du mieux que nous le pouvons, avec cœur et conviction, avec tout ce qui nous est proposé et tout ce que nous choisissons de faire.

QUE S'EST-IL PASSÉ LE 20 JUILLET 2019 ?

Chico Xavier, décédé en 2002 à plus de 90 ans, était l'un des médiums les plus célèbres du Brésil. Sous l'influence des esprits, il a écrit des centaines de livres. Sa sagesse et ses visions ont influencé des milliers de Brésiliens et de croyants dans le monde, je dis bien « croyants », car Chico Xavier était catholique et très pratiquant. Beaucoup pensent que pour être médium il faut être croyant, et c'est là une idée fausse que l'on se fait de ce monde méconnu. Pour ce qui me concerne, je suis baptisée dans l'Église catholique, ai fait ma communion solennelle comme des milliers de petites filles de ma génération, mais je ne crois pas en cette religion. J'ai cessé de pratiquer assez tôt, même si je respecte ma religion, comme toutes les autres. Depuis que je suis devenue médium, ma conception du mysticisme est toute autre. Je ne définis pas Dieu comme le fait la Bible, mais je suis bien consciente que la mort n'est qu'un passage et que notre destin est une route guidée par des forces et des âmes dont nous ne savons pas grand-chose.

Je reviens à Chico Xavier qui, lui, exerçait son activité médiumnique en croyant au Dieu de la Bible, et était particulièrement assidu dans la pratique de sa religion. Un jour, il parla du 20 juillet 2019. Il expliqua que comme l'homme s'était arrogé le droit de mettre le pied sur la Lune le 20 juillet 1969, Jésus-Christ convoqua une réunion, à la demande des êtres angéliques de notre système solaire, pour réfléchir au devenir de l'homme et décida un « dernier moratoire » (c'est le terme utilisé) pour permettre aux habitants de la planète Terre de développer la civilisation. Le moratoire durerait 50 ans : il commencerait le 20 juillet 1969 pour se terminer le 20 juillet 2019. Jésus aurait donc ordonné que les émissaires célestes s'engagent pour la paix et la non-utilisation de l'arme nucléaire. Si nous décidions de ne pas l'utiliser pendant cette période, nous recevrions en récompense « toutes les solutions aux problèmes d'ordre social, des solutions à la faim et à la pauvreté qui s'éteindront et des remèdes aux maladies grâce à la manipulation génétique et enfin l'existence d'un accès à l'information et à la culture[1]. » Ce 20 juillet devait donc être la fin du moratoire et le départ vers une nouvelle ère.

Ce qui est intéressant dans les paroles de Chico Xavier, c'est que ses ressentis ne sont pas totalement erronés, bien que les résultats annoncés soient loin de la réalité, mais interprétés de manière très imagée. Chaque médium utilise des archétypes correspondant à sa culture ou à ses croyances. Je n'ai pas retranscrit tout le texte de Chico Xavier, mais il parle beaucoup du Brésil cher à son cœur et se réfère au monde qu'il connaît. Le fait d'avoir reçu son message par une image de Jésus réunissant les anges semble un peu caricatural,

1. Citation extraite du journal spirite *La Folha Espirita* (2011). Il s'agit d'une révélation de Chico Xavier à son ami médium Geraldo Lemos Neto, fondateur de la Maison de Chico Xavier, à Pedro Leopoldo, au Brésil.

mettant en scène des archétypes comme s'il s'agissait de personnages de dessins animés. En revanche, je suis persuadée qu'il fut obligé de livrer ses ressentis de cette manière pour être compris et entendu. Livrer ses ressentis sans utiliser d'image est extrêmement compliqué dans un monde fondé sur l'image. C'est au début de 2018, alors que je ne connaissais pas les prophéties de Chico Xavier, que j'eus les premières sensations de ce qui se passerait en juillet 2019. J'ai su que cette année-là serait une année de basculement progressif vers un autre mode de pensée et de vie. Je m'en ouvrais aux uns et aux autres, lisant la perplexité sur les visages. Pourquoi juillet me demandait-on ? Je ne savais que répondre, mais je savais qu'il s'agissait de juillet.

C'est François Riou qui, avec Sylvie Honoré, de Radio Vivacité, m'avait invitée à une conférence et des ateliers en Belgique, qui me cita la prophétie de Chico Xavier. Nous discutions au téléphone pour régler les derniers détails de ma venue à Charleroi lorsque je lui parlai de ce fameux changement qui serait sans appel dès juillet.

Il me répondit par :

« Tu parles du 20 juillet ? De la prédiction de Chico Xavier ? »

« Je ne sais pas... Qu'a dit Chico Xavier ? »

François m'expliqua le départ vers une nouvelle ère. J'étais heureuse de l'entendre, car hormis des avis et des ressentis çà et là sur les difficultés que nous traversions, personne ne parlait de ce cap à franchir. Mais alors me direz-vous, à quoi correspond exactement ce grand basculement de 2019 ?

Plus qu'un moratoire de Jésus ou je ne sais quel événement ayant une représentation matérielle, il s'agit plutôt d'une nouvelle énergie. Il faut plutôt se référer aux perturbations physiques que j'ai citées plus haut qu'à un événement particulier et tangible. Je ne peux m'empêcher de penser à ce qu'avait pressenti le couturier Paco Rabanne pour le 11 août 1999. Il avait pressenti une catastrophe, une onde de choc à laquelle il avait donné la forme de la station Mir, station spatiale russe placée en orbite terrestre basse par l'Union soviétique en 1986 qui, selon ses prédictions, aurait dû s'écraser sur la Terre ce jour-là, alors qu'elle n'était plus en orbite depuis 1996. Rien de cela n'advint bien sûr, et elle fut détruite volontairement le 23 mars 2001, mais Paco Rabanne avait ressenti qu'il y aurait un impact ce 11 août 1999 et avait tenté de l'interpréter par un événement matériel. Ce fut une erreur.

Les chocs et ruptures ressentis par les médiums sont souvent énergétiques, ce qui les rend plus difficiles à exposer. Ils induisent souvent des changements de sensations, de sentiments et d'attitudes d'une humanité qui, rappelons-le, ne vit pas la même réalité d'un bout à l'autre de la planète. Le 20 juillet était, une fois de plus, très attendu par tous ceux qui pensaient vivre une aventure palpable ou visuelle, mais ce ne fut pas le cas. Le 20 juillet fut un jour comme les autres, et je le vécus en conscience d'une limite, nouveau départ pour moi et pour tant d'autres. La journée fut chaude, estivale, et personne ou presque ne prêta attention à ces heures de vacances passées sur la plage ou en repos insouciant. Une fois de plus, ces dates ne signifient pas grand-chose pour l'humanité. Qui se souvient du 11 août 1999 qui fut pourtant une nouvelle porte ouverte sur l'an 2000 et ses bouleversements sociétaux.

Qui porte encore un peu d'attention à 2012, qui marque la fin du calendrier maya et annonce d'un nouveau monde ? Étant plus conscients de cette accélération temporelle, nous sommes sans doute aujourd'hui plus sensibles à ces changements annoncés, mais ils ne sont qu'un stade des longues métamorphoses de la Terre qui avance inéluctablement vers la fin de son cycle. Ce n'est que le miroir qui reflète ce que nous ne sommes pas capables de faire pour la préserver. Nous serons sans cesse plus nombreux, il sera donc plus difficile de trouver sa place sur notre planète et de s'y réaliser, à moins que nous ne sachions utiliser à bon escient les découvertes et inventions mises à notre disposition.

NOUS DÉVELOPPONS NOTRE SPIRITUALITÉ

Nous sommes des Êtres spirituels, mais notre spiritualité est bien souvent en berne en raison du doute permanent qui nous habite. Nous doutons de nous, des autres, du monde, de notre parcours et de sa finalité. Nous ne savons pas et nous nous contentons de croire qu'il pourrait y avoir, peut-être, un autre sens à cette existence. Comment peut-on accepter l'idée de notre arrivée dans le ventre de notre mère, de cette existence qui s'incarne brutalement sans remettre en question l'origine de cette vie qui est la nôtre et la complexité de ce que nous sommes ? Le monde matériel est un leurre, mais c'est lui que nous voyons en premier, lui que nous touchons, lui grâce auquel nous subsistons, alors que ce que nous sommes est à la fois la source et la réponse.

Nous naissons pour mourir un jour, sans que nous puissions savoir de quelle manière, nous savons que tout peut arriver à chaque instant, mais nous continuons de hurler à l'injustice et à l'infamie lorsque la mort frappe.

Elle est la « grande faucheuse » qui vient prendre les âmes de ceux que nous aimons sans comprendre que ce passage terrestre est un jeu de piste, dans lequel chacun a un rôle bien précis à jouer, et où la vie de chacun est un enseignement et une voie pour ceux qui restent. La vérité est que nous venons seuls, même si nous sommes accompagnés de parents ou d'une famille aimante, nous fuyons sans cesse cette solitude profonde de notre condition humaine, nous remplissons notre vie d'activités et d'un sens que nous inventons pour ne pas réfléchir au sens de notre venue sur Terre. Au fond, dès que nous ouvrons les yeux au monde terrestre, nous savons que nous le quitterons, que tout n'est que passage, mais il nous est difficile de nous séparer de cette condition qui est la nôtre, car nous avons perdu toute mémoire relative à ce que nous sommes et à d'où nous venons.

Nous naissons amnésiques, alors que nous sommes déjà le fruit de tant d'expériences. Notre corps nous enferme dans des capacités que nous n'utilisons que partiellement et nous voilà partis pour une vie que nous voulons remplie, sans bien savoir de quoi. Nous nous définissons par une identité, un métier, un statut ou encore une fonction qui nous rassurent et nous aident à justifier notre existence. Mais qu'en est-il de ce que nous sommes vraiment ? De la multiplicité qui réside en nous ? Ne sommes-nous qu'un individu bien défini ou ne tentons-nous pas de le devenir, en niant tous les autres aspects de notre personnalité qui nous appellent sans cesse ?

On nous demande de faire un choix. Nous choisissons donc de développer une seule partie de nous par une profession ou un comportement qui nous permet de nous intégrer dans la société. Mais au fond, n'avons-nous pas rêvé d'être quelqu'un d'autre ? Que faire de nos multiples vocations qui naissent simultanément et nous invitent à nous révéler ?

Oui, il a bien fallu faire un choix, et ces activités annexes, si elles ne deviennent pas des hobbys, disparaissent dans le tourbillon des rêves jamais réalisés. Ce qui est différent aujourd'hui, comme je l'exposais plus haut, c'est que nous ne pouvons plus ignorer ces appels. Combien de personnes me disent qu'elles ont décidé de changer de métier, ne résistant plus à l'appel de leur âme, ou exercent deux professions, refusant de nier plus longtemps ce qui les intéresse. Cela fait partie de ce grand changement. Celui-là même qui vient de l'éveil de nos sens les plus mystérieux et les plus subtils. En devenant de plus en plus sensibles, nous écoutons nos impulsions et nos désirs, qui ne sont plus des rêves impossibles, mais bien des invitations à nous épanouir autrement. Peu importe l'âge ou la condition, nous sommes prêts pour la reconversion. Il ne s'agit pas toujours de vieilles aspirations endormies depuis des années qui se réveillent, mais bien souvent de désirs soudains et irrésistibles dont on sent qu'ils sont plus des projections de notre destinée que des lubies passagères.

Je me souviens du mail de Ludovic :

« J'ai 50 ans, une entreprise qui fonctionne bien, je suis un mari, père et grand-père comblé, et pourtant je sais qu'il faut que je change de trajectoire. Je ne comprends même pas pourquoi. C'est une sensation tenace, et je sais que tant que je n'aurai pas changé quelque chose dans ma vie, je me sentirai de plus en plus mal. »

Il m'est bien difficile de lui conseiller quoi que ce soit. Mon rôle n'est pas de décider de la vie d'autrui, mais en discutant avec lui, je peux sans doute mettre chacun devant sa propre voie. C'est ainsi que j'invitais Ludovic à comprendre quelle était la modification si essentielle à sa vie. Petit à petit, il osa me dire ce qui lui passait par la tête depuis plusieurs semaines. Revendre son entreprise et se lancer dans une production totalement différente. Mais la peur de la réaction de sa famille le paralysait et cela le plongeait dans une grave crise existentielle.

« Le moment est venu de passer à autre chose, lui dis-je. Et même si cela ne vous semble ni sage ni rationnel, c'est indispensable à votre évolution. »

Lorsqu'une idée germe au cours de la nuit ou un beau matin, laissez-lui du temps pour que vous compreniez que c'est important afin de la distinguer d'une lubie qui pourrait, quant à elle, être néfaste, mais ne tentez en aucun cas de la chasser, car elle vous indique qu'une nouvelle voie salutaire s'offre sur votre parcours. Ces indications sont en quelque sorte des messages. Votre destin est un scénario que vous avez écrit il y a bien longtemps avec des choix mais aussi des figures imposées pour votre évolution. Grâce à l'éveil de certains sens, nous captons mieux la suite de notre « programme », même si parfois le mental continue à nous jouer des tours en refusant d'y prêter attention. Oser se faire confiance pour suivre ces appels intérieurs est une garantie de force et de sérénité. Le chemin se trace alors avec facilité et les portes s'ouvrent relativement facilement. Ne cherchons pas toujours à savoir pourquoi nous devons emprunter telle ou telle voie, mais suivons-la.

Mentalement, nous ne sommes pas toujours aptes à comprendre les exigences que nous impose l'existence, et tout n'est pas forcément compréhensible ici et maintenant, mais nous faire confiance et dépasser nos peurs est un joli défi.

Ce qui peut sans doute nous pousser à écouter cette petite voix qui nous guide, c'est ce système en crise qui laisse de moins en moins d'espace à l'humain. Nous vivons un processus de déshumanisation à différents stades de notre vie essentiels à notre quotidien, ce qui est perturbant et totalement terrifiant : nous permettre ces sursauts, c'est nous reconnecter à l'humanité telle que nous la voulons et telle que nous l'entendons. Nous n'avons plus affaire à des écrans qu'à des hommes, et hormis leur côté pratique, ils nous privent de contacts nécessaires à notre esprit. Nous sommes de plus en plus nombreux sur Terre et de moins en moins visibles dans la vie courante. Nous ne prenons plus le temps du contact direct et dans notre avidité du « tout, tout de suite », nous préférons communiquer *via* un clavier afin de pouvoir faire plusieurs choses en même temps.

Nous croisons de plus en plus d'humains et pourtant nous en sommes de plus en plus séparés. On nous invite toujours plus à prendre contact *via* Internet, c'est-à-dire dans la virtualité. Comment nous épanouir loin des « autres », de ceux qui pouvaient nous aider physiquement, et au sein de familles toujours plus recomposées dans lesquelles les enfants finissent par se perdre entre pères, mères, nouvelles compagnes et nouveaux compagnons, frères, demi-frères... Tout est devenu si rapide et compliqué.

ET POURTANT...

« Le XXIe siècle sera spirituel ou ne sera pas. »

Il a bien fallu qu'André Malraux le visionnaire pressente le grand tournant que nous vivons pour prononcer cette phrase. Il ne pensait pas au religieux, mais bien au spirituel. Savait-il que nous allions peu à peu tous devenir médiums, des humains fonctionnant de mieux en mieux ? Être capables de pressentir, d'avoir des prémonitions, de sentir les défunts ou de les voir, de vivre des extensions de conscience ou des sorties de corps, si tout cela était prodigieux autrefois, c'est devenu assez commun aujourd'hui.

Observons la littérature consacrée à ces sujets depuis 2012, ne voyons-nous pas déjà un changement ?

Aujourd'hui, chacun parle de ses expériences paranormales et il semble bien qu'elles touchent une grande partie de l'humanité. Relater ces expériences n'a plus rien d'extraordinaire, et chacun tente ou s'exerce à les éprouver. Mais si l'on est fasciné par toutes ces histoires, on n'en comprend pas encore l'utilité. Nous ne vivons pas ces expériences à seule fin de les raconter, même s'il faut passer par là. Elles ont une utilité car tout est enseignement.

Étrangement, certains le ressentent en ce moment et vont fouiller leurs souvenirs pour retrouver des expériences qu'ils avaient refoulées, sentant bien qu'il est temps d'y (re)trouver un sens.

C'est ainsi que Maëlle m'explique dans sa lettre qu'il y a une quinzaine d'années, alors qu'elle dormait chez des amis, elle vit passer plusieurs personnes dans sa chambre qui « semblaient flotter dans l'air, le regard vide », comme « illuminées de l'intérieur. » Elles défilaient, traversant portes et murs, indifférentes à la présence de la jeune fille, qui terrorisée ne put fermer l'œil de la nuit. Elle n'en parla à personne et réussit à refouler ce souvenir.

Je lui demandai alors la raison de son mail quinze ans après les événements...

« J'ai pensé qu'il était temps de comprendre ce qui était arrivé, pour dépasser ma peur et trouver un sens. »

Bonne idée, lui dis-je. Après lui avoir demandé quelques détails sur les circonstances et la maison elle-même, j'en déduis que la chambre où dormait Maëlle était une sorte de vortex, due à la configuration énergétique des lieux, point de passage obligé d'âmes errantes. Pas grand-chose à faire, d'autant plus qu'apparemment les amis de Maëlle n'avaient jamais vu de telles manifestations. Ce qui me frappe, c'est que ces derniers temps, nombreux sont ceux qui cherchent une signification à des événements advenus il y a longtemps, comme s'il était nécessaire de savoir pour avancer. Parfois, il est difficile de donner un sens précis aux choses. Comme dans le cas de Guillaume, qui me confia avoir vu, lorsqu'il était enfant et résidait chez ses grands-parents, des boules de lumière stationner parfois dans le couloir et dans la chambre où il dormait.

« Elles étaient très vives, vibraient et se déplaçaient rapidement. »

J'avoue être restée perplexe quant au sens à donner à ces manifestations. J'en ai déduit que Guillaume, comme beaucoup d'enfants, a vu des Êtres de l'au-delà, matérialisés ainsi car nous savons désormais que tous les défunts ne peuvent reprendre l'apparence qu'ils avaient de leur vivant, ou alors, s'agit-il d'Êtres de Lumière jamais incarnés ? Nous en avons parlé et j'ai senti Guillaume apaisé devant ces hypothèses, et par mes questions précises. Aborder ce sujet sans gêne est de plus en plus fréquent, et nous pouvons nous en réjouir, car que dire des personnes qui ont dû garder en elles des images terrifiantes sans jamais pouvoir en parler à quiconque ? Un ami italien, que je connais depuis de nombreuses années et qui est quelqu'un de très rationnel et, selon moi, un peu hermétique à toutes ces histoires, m'a confié récemment que pendant des années il a vu ce que l'on appelle les gnomes, les elfes et autres élémentaux[1] des forêts.

---

1. Créature imaginaire composée de l'un des quatre éléments issus de la tradition grecque : l'air, l'eau, le feu et la terre.

Il les voyait passer, translucides mais parfaitement dessinés, conscients de sa présence et s'en protégeant. Il a cru pendant longtemps que tout le monde les voyait et en parlait à ses parents. Puis un jour ses yeux ne furent plus capables de les détecter, s'était-il refermé ou avaient-ils disparu ? Il me donna une explication surprenante.

« Tu sais, dans nos montagnes, les villages sont abandonnés les uns après les autres, et les esprits de la forêt ne restent pas là où il n'y a plus d'humanité, car ils sont là pour nous avant tout ! »

Je fus surprise et émerveillée par cette explication venant d'un homme que rien ne me laissait supposer être ouvert à ce domaine. Combien de personnes vivent des aventures merveilleuses en secret, jugeant sans doute que personne ne peut les comprendre alors que nous avons tous besoin de ces histoires. Les fables que l'on nous raconte lorsque nous sommes enfants ne sont ni plus ni moins que des histoires sorties de l'imaginaire d'auteurs qui se sont inspirés de faits souvent réels. La réalité dépasse bien souvent la fiction, et ces histoires que l'on cherche à dissimuler de peur de passer pour un déséquilibré sont souvent des compléments indispensables à l'expérience de chacun. Jeanne s'est procuré mon numéro de téléphone pour me relater, encore haletante, ce qui lui était arrivé la veille.

Elle se trouvait à la terrasse d'un café en compagnie de quelques amies, lorsqu'elle vit un homme s'asseoir à la table voisine. Elle fut frappée par une étrange sensation de malaise, sans comprendre pourquoi. Elle fut attirée par un éclair semblant venir des pieds de la personne, mais ne vit rien de particulier. Elle reprit la conversation avec ses amies, mais son regard fut attiré à nouveau vers la table voisine, où elle vit clairement un petit chien blanc qui remuait la queue en regardant l'homme, qui restait totalement indifférent. Le chien avait ceci de particulier : il était « transparent. » Jeanne se retourna vers ses amies pour leur demander si elles voyaient la même chose. Elles furent surprises par sa demande, car à la table voisine, il n'y avait en réalité que cet homme qui fumait une cigarette. Jeanne fixa l'animal qui suivit son maître dès que celui-ci se leva après avoir laissé un billet sur la table.

Elle poursuivit :

« C'était plus fort que moi, je me levai et interpellai l'homme, très étonné, pour lui demander s'il avait un chien. Il m'a répondu que non, le sien était décédé l'année passée. Je lui demandai aussi sec si son chien était un caniche blanc. Il me répondit totalement éberlué par l'affirmative. C'est ainsi que j'ai compris que nos animaux continuent de vivre après la mort. »

Jeanne m'a affirmé qu'avant cela elle n'avait jamais eu d'expérience de ce type, mais que depuis, quelque chose s'était ouvert en elle. Elle l'intégrait sans peur, et il semble bien qu'elle avait la possibilité de voir uniquement les animaux défunts. Je suis bien incapable d'expliquer pourquoi l'on voit ceci plutôt que cela, mais le prodige réside dans le fait de voir plus et plus loin.

Il est évident que l'ouverture de nos sens et capteurs provoque une immense métamorphose en nous. Une fois la surprise et les peurs surmontées, car je crois qu'il faut se débarrasser de ce qui nous limite et nous bloque le plus rapidement possible, c'est un nouveau monde qui naît au fond de nous. Se rendre compte que le monde que l'on perçoit intérieurement est tellement plus vaste que celui qu'il nous est donné de voir avec nos yeux est absolument jubilatoire.

Suit alors une phase d'excitation aiguë pendant laquelle on a envie de raconter à tous ceux que l'on croise les sensations merveilleuses que l'on est en train de vivre, puis celles-ci se stabilisent et survient un état de béatitude infinie.

Il est difficile de partager cette sérénité, mais il est évident que développer nos capacités équivaut à trouver ce chemin de béatitude.

SPIRITUALITÉ ET INTELLIGENCE ARTIFICIELLE

On peut se poser la question de la place de la spiritualité dans un monde où les robots sont sans cesse plus sophistiqués et où l'intelligence artificielle tend à remplacer l'humain dans des fonctions même les plus insoupçonnées.

La spiritualité redonne sa véritable place à l'humain, alors que dans son quotidien, celui-ci constate la précarité de son Être, cerné par toute cette technologie si prompte à lui fixer ses limites.

Pourquoi a-t-on besoin des machines pour régler la communication et le temps ? Comment se retrouver soi-même au milieu des robots ? Y a-t-il un paradoxe ?

Pas vraiment puisqu'à l'origine, on a créé

la technologie pour aider l'homme, pas pour l'avilir ou l'annihiler.

Pour gagner du temps, on a décidé que les robots remplaceraient l'homme afin d'exécuter à sa place les tâches répétitives, toxiques ou éprouvantes, lui laissant le temps de faire autre chose.

La perversion qui consiste à juger le coût du travail humain trop élevé et la volonté de le réduire en le remplaçant par des machines est apparue après, mais hélas elle a pris le contrôle de la situation.

Depuis la création des automates, on a toujours pensé qu'un objet mécanique pourrait soit aider l'homme, soit lui apporter plaisir ou divertissement.

L'aide de ces objets devait nous permettre de prendre le temps de réfléchir et de nous nourrir spirituellement.

Il n'en est rien, puisque l'apprentissage de la technologie n'est pas encore le fait de tous, et ne nous permet pas, en raison de sa faillibilité, de nous retrouver en position de confort.

La rapidité avec laquelle on peut aujourd'hui communiquer et régler ses affaires, sans être obligé de se déplacer, engendre hélas encore plus d'anxiété par la multiplicité des tâches à effectuer seul devant une machine. Laquelle nous plonge en pleine détresse lorsqu'elle ne fonctionne plus.

Nous ne savons plus faire connaissance entre humains, lier des contacts directement dans les lieux publics où, scotchés sur nos téléphones portables, nous préférons nous plonger dans la virtualité plutôt que d'aller directement au-devant des autres humains. Pour rechercher l'amour, on feuillette les catalogues des sites de rencontre, tout comme on regarde les photos modifiées à grand renfort de filtres et de retouches pour découvrir de nouveaux amis… virtuels.

À travers des jeux de rôle, des jeux vidéo, et cette manière de surfer sur la vie des autres, on a perdu le sens des réalités, et bien souvent on s'est éloignés de ce que l'on est vraiment, de sa vraie personnalité.

On finit par avoir peur de l'autre et ce dont on est le moins conscients, c'est qu'on finit par avoir peur de soi-même et de sa propre réalité.

Nous cherchons à vivre dans le réconfort, mais pas dans la vérité, et arrive le temps où l'on n'a plus conscience de soi.

Il serait peut-être temps d'inverser la tendance.

Aujourd'hui, tout comme chacun a pris conscience qu'il fallait agir individuellement pour sauver la planète, chacun devrait comprendre que le temps gagné devrait être utilisé pour (ré)apprendre à s'accepter, se connaître un peu mieux, et sortir de l'individualisme forcené qui n'est qu'une prison que l'on bâtit autour de soi.

Prendre le temps de se connecter à soi-même, d'affronter ses propres pensées, s'accepter et se reconstruire peu à peu est le meilleur moyen d'ouvrir son esprit à la Vie et aux autres.

Nous sommes venus sur Terre pour cela, et uniquement pour cela.

Nous sommes ici pour expérimenter notre évolution, confrontés aux individus que nous allons croiser, et dont certains vont partager un moment de notre existence.

Nous devons compter sur notre instinct pour suivre le bon chemin, mais parfois nous nous égarons pour suivre uniquement le chemin indiqué par les autres. Nous grandissons sous le regard des parents, puis sous celui des amis, des conjoints, des enfants, qui nous façonnent et nous entraînent dans une certaine zone de confort où l'instinct n'a plus voix au chapitre.

Nous abandonnons les signes que nous envoient la Vie, le Divin, l'Ineffable, qui sont fiables, mais qu'il faut apprendre à détecter, et pour cela, il faut se faire confiance.

Il arrive toujours un moment où l'on regrette de ne s'être pas écouté, ou d'avoir refoulé des signes ou une petite voix pourtant insistante qui nous poussait à prendre une direction.

Je reçois de nombreux messages de personnes d'un certain âge, qui me parlent de situations bloquées depuis tant d'années et qui se demandent pourquoi rien n'a bougé dans leur Vie. Je leur réponds que ce n'est pas la Vie qui n'a pas bougé, ce sont eux qui n'ont rien fait pour la changer.

Ils ont choisi le confort et le réconfort, loin des risques et des peurs, et se rendent souvent compte qu'ils sont passés à côté de leur existence.

S'éloigner de sa Vérité, c'est prendre le risque de le regretter amèrement.

Notre destin nous attend à chaque seconde, et les épreuves qu'il nous demande de traverser, aussi terribles qu'elles puissent être, sont à la mesure du challenge que nous avons décidé de traverser en choisissant cette existence.

Nous devons donc prendre le temps de la réflexion et de l'introspection pour répondre aux questionnements toujours plus nombreux sur le sens de notre existence.

Les technologies ne doivent rester qu'un moyen et pas devenir l'unique passe-temps de notre quotidien. La nature et ses beautés, simples et énergétiques, sont le support idéal de notre réflexion, et le moyen de fuir une superficialité dangereuse.

Nous restons des communicants, conscients ou pas, avec les arbres, les animaux et tout ce qui vibre autour de nous dans la matrice naturelle qui nous maintient en vie. Nous sommes même en train, pour certains, de développer une sensibilité dont nous éprouvons parfois les désagréments, comme ces personnes électrosensibles qui présentent une intolérance aux ondes électromagnétiques. Ce sont des symptômes observés depuis quelques années (fatigue, maux de tête, troubles de l'attention, de la mémoire, éruptions cutanées) devant la prolifération des radiofréquences émises par les communications sans fil, aussi bien que celles des installations électriques ou encore des appareils électroménagers. Le corps de ces personnes rejette les technologies et les fréquences qu'elles émettent et elles sont contraintes de déménager pour aller vivre dans des « zones blanches », où il n'y a pas ou peu de réseau, loin des relais électriques. L'électro-hypersensibilté (EHS) reconnue par l'Organisation mondiale de la santé (OMS), est aujourd'hui un syndrome pris en compte par les milieux médicaux, même s'il n'existe aucun remède approprié.

Beaucoup d'entre nous en souffrent sans le savoir.

Il faut donc protéger et cultiver la nature afin de s'y ressourcer et d'exposer plutôt notre hypersensibilté aux signes et aux informations qui nous indiquent la voie à suivre.

Aucune machine, contrairement à ce que racontent les films de science-fiction, ne pourra rivaliser avec la perfection de l'être vivant qu'il soit humain ou autre, et cette volonté de devenir le créateur et le destructeur de notre monde n'est qu'une ambition folle.

SOMMES-NOUS À NOTRE PLACE ?

C'est la question à se poser pour faire face aux perturbations intérieures. Nous subissons de plus en plus, à travers les relais comme celui des changements de lune, des flux énergétiques assez rudes qui influent sur nous et nous plongent dans le doute et l'anxiété. Pour s'en défaire ou plutôt s'en protéger, il est nécessaire de nous poser la bonne question, et ce n'est pas toujours simple, car notre vie défile rapidement sans nous laisser beaucoup de temps pour y penser. « Suis-je à ma place dans cette situation ? » doit pourtant devenir notre leitmotiv. Nous devons être en accord avec nous-mêmes alors qu'avant nous pouvions encore nous illusionner, aujourd'hui nous ressentons immédiatement un mal-être.

Et pour affronter cela, nous devons faire

preuve de courage, pour qu'au cœur de nos relations habituelles ou dans notre vie professionnelle, nous devons nous poser la question et tenter d'y répondre sans crainte.

Notre âme sait déjà tout. Nos vies passées et nos potentielles vies futures y reposent, nous indiquant souvent les directions à suivre.

Si nous le faisions jusque-là sans y réfléchir, aujourd'hui nous devons vivre en pleine conscience. Puisque nous traversons des « bourrasques » assez fortes, nous ne pouvons plus gâcher notre temps, en le passant, voire le perdant, en des lieux et avec des gens qui ne sont pas en symbiose avec nous.

Encore une fois, cette tentation de nous replier sur nous-mêmes pour nous protéger ne doit pas nous faire perdre un vrai contact avec les autres. Pour qu'il ne nous fasse pas souffrir ou ne nous donne pas la sensation de temps perdu, il faudra toujours se poser la question de la place que nous occupons.

Plus que jamais, nous devons échanger et agir avec les autres pour construire ce monde nouveau.

Depuis le début de l'écriture de ce livre, combien de personnes ont quitté de vieilles habitudes pour se lancer dans de nouvelles aventures, qu'elles soient professionnelles ou affectives ? Nous sommes de plus en plus nombreux poussés à être authentiques et courageux.

Romain travaille dans une société informatique depuis quinze ans. Il aime son métier et ne s'est jamais posé de questions. Or, depuis trois mois et devant des impératifs qui lui semblent de plus en plus difficiles à respecter, il s'est mis à ressentir certains symptômes et des signes chaque matin en partant au bureau. Il m'écrit pour me demander si, d'après moi, ce sont des symptômes d'un *burn-out*, ou tout simplement des signes engendrés par les énergies ambiantes.

Il ressent une boule à l'estomac, des nausées et des vertiges qui passent dès qu'il quitte son lieu de travail.

Je lui demande s'il n'a pas envisagé un changement professionnel, et il me répond que oui, bien sûr, il se prend à souhaiter créer sa propre entreprise, il a pour cela des tas d'idées, mais que cette envie est arrivée si soudainement qu'elle l'a surpris et l'a inquiété. Alors il la repousse, ne la jugeant pas raisonnable.

Je lui conseille d'y réfléchir et d'élaborer son projet, car intellectuellement dans son travail il est à saturation et il faut qu'il échafaude un « plan de sauvetage ».

Écouter ses intuitions et travailler à les réaliser avec raison et méthode.

Il est difficile de résister aux signaux que vous envoient votre esprit et votre corps.

Il faut à la fois concilier notre bien-être et accomplir notre mission, nous avons tous une place dans ce monde, nous sommes les acteurs de son évolution, même si parfois l'on s'y perd.

Et quand nos repères disparaissent, il nous faut retrouver un sens à tout ce qui se joue autour de nous. Pas facile, car nous élaborons notre nouveau mode de fonctionnement dans la vitesse et l'éphémère.

Cette notion d'éphémère, ce qui dure peu de temps, que l'on éprouve et que l'on quitte dès que l'on en a plus besoin, est un concept tout à fait nouveau pour nous.

Nous avons grandi dans l'espoir de construire notre vie avec des valeurs solides et immuables, que ce soit dans notre vie affective ou dans notre vie professionnelle, et voilà que ces notions sont en train de muter, laissant place à des situations nouvelles et imprévues.

« J'ai soixante-douze ans, j'ai toujours été athée, m'écrit Roland. Mais je suis si troublé par ce qui se passe autour de moi et dans ma vie, que j'ai besoin de croire en quelque chose. »

Ceux qui viennent vers moi avec ce type de déclaration sont convaincus que s'ils ôtent toute spiritualité à leur vie actuelle, elle se videra de son sens. Ce n'est pas tant croire que la confiance en soi qui est nécessaire.

« Je veux croire en une vie après la vie », « J'aimerais vous croire » sont les phrases que je reçois, mais je ne peux, ni moi, ni personne donner la conviction ou la foi.

Il faut avoir été touché au plus profond de son cœur, et s'ouvrir à cette possibilité pour sentir et comprendre que tout ne s'arrête pas aux frontières de la mort.

Il ne faut plus désirer avec son mental, mais laisser filtrer cette puissance que nous renfermons tous.

Dès que nous savons que malgré les épreuves cette force intérieure nous prouve que tout n'est pas vain, mais que tout a un sens, nous sommes à notre place.

Devant l'abondance autour de nous, trouvons cette place qui nous attend.

LE CHAOS EST-IL SALVATEUR ?

« Au milieu de l'hiver, j'ai découvert en moi un invincible été. »

Albert Camus

Se pourrait-il que le tumulte environnant soit salvateur ?

Sans aucun doute, car selon moi, il nous contraint à repousser nos limites et à aller puiser à l'intérieur de nous pour affronter les impératifs du quotidien.

Il faut comprendre que rien n'est insurmontable.

La résilience et la force qu'elle nous offre sont à la portée de tous, il faut juste savoir prendre du recul en toute chose, même si l'on sait que ce n'est pas toujours facile.

Le rôle de la méditation et de la respiration est ici important.

Respirer n'est plus seulement une fonction vitale automatique, mais bien pratiquée, cela devient un moyen de contenir le stress, et méditer une façon de retrouver l'apaisement.

Prendre quelques minutes chaque matin au réveil pour reprendre sa place dans le monde et en apprécier chacun des trésors, regarder le ciel, écouter la pluie, se concentrer quelques secondes sur des bruits rassurants, sont des manières d'accueillir les heures prometteuses à venir, car il faut se donner pour objectif de résoudre les tracas et apprécier la journée sans présumer des difficultés qu'elle peut nous réserver.

Chaque jour est nouveau, et tout en restant lucides sur le tourbillon que nous devons affronter, il faut nous concentrer sur ce que nous avons à faire tout en restant ouverts à ce que la Providence peut nous apporter.

Laissons entrer cette part d'inconnu, ne bouclons pas les issues en invoquant un planning serré, mais au contraire, permettons à nos « anges gardiens » de s'y inviter pour mettre sur notre route les éléments qui vont nous aider.

À chaque seconde, la Vie, nos guides, nos défunts, nous envoient l'énergie nécessaire pour avancer. Souvent nous ne la percevons pas bien, étouffés que nous sommes par l'encombrement de notre esprit, à cause de nos idées qui se bousculent, d'où cette sensation d'être abandonnés alors que nous sommes juste « pollués ».

La respiration et la méditation à n'importe quel moment sont une manière d'ajuster notre vision. Il s'agit de prendre quelques secondes pour nous concentrer sur notre respiration, éliminer nos idées parasites, et reprendre la main sur nos pensées.

Nous avons la capacité de maîtriser le tumulte qui est en nous, de nous en protéger en nous reliant à notre source intérieure.

Tout est en nous ; aller à la recherche de notre potentiel est bien sûr la voie à suivre.

« J'ai l'impression de tomber, de chuter inexorablement. »

Roselyne, cinquante ans, m'envoie comme tant d'autres ce message. « Rien ne me retient, ni mon mari, ni mes enfants, ni mes petits-enfants. Que se passe-t-il ? »

Cette chute est accompagnée de symptômes

physiques : acouphènes, vertiges et crises d'angoisse.

J'explique à Roselyne que pour elle, la mutation a commencé, et qu'elle vit une sorte de « mise à jour » qui s'est déclenchée avec les énergies nouvelles.

Elle me dit ne pas comprendre et me parle de tous les soucis qu'elle accumule depuis des années, son mal-être, son couple qui n'a jamais fonctionné et ses collègues qui lui posent problème. Tout cela, elle l'a contenu en elle depuis bien trop longtemps, et ça explose tout à coup.

Il va donc falloir s'y attaquer.

Le tumulte est une sorte d'épée de Damoclès qui nous incite à trouver les vraies solutions. Je dis à Roselyne qu'elle devra désormais se mettre en quête d'une authentique paix, en cherchant à résoudre ses problèmes un à un.

La violence et l'intransigeance ambiantes sont en partie dues à toutes les souffrances anciennes qui remontent à la surface et demandent « réparation. » L'égrégore en est désormais imprégné et tout ce qui n'a pas été réglé s'exprime de manière anarchique et violente.

Ainsi des traités de paix ne sont pas efficients dans l'esprit des belligérants si un véritable travail de pacification n'a pas été entrepris.

Toutes les peurs, même les plus anciennes et les plus archaïques, refont surface et nécessitent des solutions dans des mesures drastiques.

Ces peurs reposent sur la sensation que nous sommes en train de détruire les ressources de notre planète et que les systèmes de gouvernance en place n'empêchent pas ce processus.

Notre chance est d'en prendre conscience, et par cette conscience, de commencer à résister.

Le tumulte nous donne la possibilité d'agir pour la résilience et de nous unir pour tenter de sauver ce monde.

Le chaos serait donc une véritable chance de comprendre et d'évoluer, mais nous ne sommes pas égaux devant l'évolution spirituelle, alors quel est l'intérêt de prendre conscience ?

Nous sommes une chaîne.

Nous sommes dépendants les uns des autres et cela représente une vraie chance pour agir ensemble.

À chaque fois qu'un individu réalise cela, les informations qu'il acquiert vont être transmises malgré lui à ceux qui l'entourent et même au-delà, puisque dans la pensée il n'y a pas de notion d'espace.

Je crois aux champs morphogéniques, qui seraient des champs énergétiques qui ne sont pas constitués de matière, mais qui transmettent néanmoins nos informations.

De même que nous héritons des secrets de famille qui vont causer des traumatismes dans nos vies sans que nous en soyons toujours conscients (phobies, dépressions chroniques, etc.), nous transmettons inconsciemment des informations que nous pensons être les seuls à détenir, formant ainsi une chaîne de réflexion, qui lorsque l'un des maillons décide de donner l'information oralement, prend forme concrètement et devient efficiente.

Nous formons une chaîne, et parce que nous formons cette chaîne, tout est possible.

Si nous décidons de vivre mieux et d'aller à l'essentiel pour gagner du temps, même s'il faut changer certaines habitudes bien ancrées, cela s'avérera plus facile par le simple fait que chacun adoptera une nouvelle attitude, non seulement pour suivre une loi ou un comportement plus adéquat, mais parce que chacun va sentir que cela est nécessaire.

Nous enregistrons de nouvelles données qui s'inscrivent en nous comme dans une espèce de banque de mémoires invisible, mais à disposition de tous.

Pourquoi cette exigence de transparence s'inscrit-elle dans tous les domaines ?

Pourquoi n'a-t-on plus peur de désigner les exactions et délits qui touchent à la dignité humaine ?

Pourquoi cette humanité ne semble plus supporter l'idée de la souffrance et crie son besoin de reconnaissance et d'existence ?

Sans doute parce que ces nouvelles énergies nous poussent à être nous-mêmes sans attendre, à trouver notre place incontestable et indiscutable, et à modifier le déroulement de notre vie dès que celle-ci n'est plus respectée.

Nous n'avons plus de temps à perdre et cette chaîne que nous formons cherche à préserver notre condition.

Tout ce que nous créons est mis à disposition de ce gain de temps, comme ces applications qui permettent de choisir rapidement une compagne ou un compagnon, de commander un taxi, d'organiser un voyage, ou de trouver un travail, parmi tant d'autres choses. Nous revendiquons notre liberté et notre place dans une conscience toujours plus forte de notre identité et, contrairement à nos aïeux qui ne se posaient presque jamais la question, nous sommes en quête de ce que nous sommes à chaque instant, et si cela peut sembler une démarche individualiste ou superficielle, je suis convaincue qu'elle est fondée par le besoin de ne plus souffrir et de trouver sa place.

Sauf que l'on ne peut pas exaucer ce vœu sans y associer de vraies valeurs.

REMETTRE DE L'HUMANITÉ EN TOUTE CHOSE

L'accélération du temps et la panique qu'elle entraîne ne laissent, hélas, plus la place aux grandes valeurs de l'humanité.

L'injonction à être rapides nous pousse à être plus égocentriques, recentrant le temps qui nous reste sur nos propres faits et gestes, oubliant ainsi que nous grandissons pourtant chaque fois que nous considérons « l'autre ».

C'est le fait de cohabiter et d'échanger qui nous permet de trouver notre place parmi nos congénères.

Le tumulte dont je parle fait que chacun clame son mal-être, et ne se donne pas la peine de prêter l'oreille à celui de l'autre.

Le nombre de personnes en souffrance a décuplé, et chacun tente de trouver sa propre solution, souvent en se repliant sur soi pour fuir le mal-être des autres.

La plupart des messages que je reçois vont en ce sens.

Je comprends que sa propre souffrance est une prison dont on cherche à s'évader et que regarder ou écouter celle du voisin n'apaise en rien.

Nos individualismes se heurtent les uns aux autres et il est difficile de retrouver un simple accès à cette communication entre nous pourtant nécessaire et curative.

Il est temps de renforcer le lien qui nous lie aux autres, malgré les angoisses qui nous assaillent, justement car il va les apaiser.

Le virtuel ne peut pas remplacer l'énergie d'un véritable échange « dans la vraie vie » et ne doit pas nous conduire à en avoir peur.

Nous souffrons parce que ce virtuel a pris une trop grande place, bien qu'il ne puisse se substituer au contact énergétique direct.

Il est donc essentiel, pour avancer dans ce nouveau monde, de redonner une place prépondérante aux hommes et femmes qui nous entourent.

Se rencontrer, partager, discuter est indispensable à notre équilibre.

Nous ne pouvons plus nous retrancher uniquement derrière des passions de substitution.

Ne laissons pas les machines ou leurs créations se substituer à l'amour que l'on peut donner, qui est et a toujours été le véritable remède.

Nos peurs et notre mal-être ne seront soignés que par l'amour des autres.

Cela demande un véritable effort d'accueil, de sympathie et d'empathie.

L'empathie, dont on parle beaucoup et qui est presque devenue une sensation que l'on enseigne en séminaire de management, n'est rien d'autre qu'une vertu naturelle que l'on doit éprouver sans chercher à la maîtriser.

À force de disséquer et d'analyser nos sentiments, nous en avons fait des valeurs presque désuètes souvent confondues avec les émotions.

SENTIMENTS ET ÉMOTIONS

Nous avons tendance à confondre la notion d'émotion et celle de sentiment.

Les émotions donnent du relief à notre vie, elles sont induites par notre monde, nous les ressentons *via* notre environnement, les médias, la publicité, le marketing, la culture, et nous ne pouvons vivre et survivre sans les éprouver, qu'elles soient positives ou négatives.

Elles permettent de réagir et de participer à de grandes causes, et dirigent notre quotidien.

La peur, la colère, la joie ou la tristesse modifient notre fonctionnement physiologique, et leur apparition est liée à notre histoire et aux méandres obscurs tapis de notre inconscient.

Elles permettent de nous adapter et de survivre, mais ne doivent pas prendre une trop grande place dans notre vie.

C'est en communiquant avec l'invisible que j'ai compris que mes émotions n'étaient que des indicateurs, mais en aucun cas des facteurs stables et durables sur lesquels je pouvais m'appuyer.

Lorsque j'étais en colère, ou très triste, je m'adressais à ces guides en leur demandant pourquoi tel événement susceptible de me mettre dans un tel état avait pu m'arriver, et je ressentais une grande perplexité quant à cette agitation apparemment non partagée par eux.

Ces émotions semblaient incomprises car disproportionnées, et l'on m'invitait à y réfléchir ; c'est ainsi que je me rendis compte qu'elles n'appartenaient qu'aux attributs de notre corps, et qu'au fonctionnement de celui-ci.

Ce sont des indicateurs ou des « boosters », mais ils sont instables.

Quelques chiffres[1] : les émotions ne durent jamais plus de 48 heures, et n'ont d'ailleurs

1. Chiffres établis par Philippe Verduyn et Saskia Lavrijsen, chercheurs à l'université de Louvain en Belgique, extraits de leur travail sur le rôle de la rumination mentale et ses effets sur nos émotions.

pas toutes la même durée. La tristesse peut durer 120 heures alors qu'on la perçoit beaucoup plus longtemps. Elle dure 240 fois plus longtemps que la surprise, la joie, la colère, la honte ou l'ennui. La honte dure en moyenne 30 minutes, et ces émotions persistent en moyenne plus longtemps chez les femmes que chez les hommes (cinq heures contre deux).

Leur durée est liée à l'événement du passé auquel elles se rattachent. Si je parle de cela, c'est qu'il faut bien comprendre que les émotions ne sont pas des sentiments mais qu'elles peuvent les entraver.

Lorsque l'on communique avec des défunts dans l'au-delà, ils nous font comprendre qu'ils ne sont qu'amour, pardon et joie. Difficile d'imaginer une telle vie ici-bas, assaillis que nous sommes par toutes sortes d'émotions. Ils n'ont plus d'émotions, ils n'ont que des sentiments.

Comme nous mêlons toujours les sentiments aux émotions, il nous est difficile d'imaginer aimer ou nous indigner sans elles. Cela peut également sembler sans relief et très ennuyeux.

Nos défunts, quant à eux, nous parlent d'un Amour jamais ressenti sur cette Terre, et dont les mots ne suffisent à décrire l'intensité. Un Amour qui les rend profondément heureux, puisqu'ils semblent avoir abandonné, lorsqu'ils sont en paix, les sentiments négatifs. En revanche, l'émotion en est absente, et un médium ressent cette sensation linéaire et profonde, sans aucune aspérité.

Ces sentiments stables et puissants sont ce qu'ils nous invitent à ressentir.

Mais chacun de nous a son histoire et une vie qui n'est pas assez longue pour comprendre les impacts du passé.

Cet état contrôlé, qui pourrait ressembler à celui de la méditation, n'est pas chose facile à vivre à chaque instant, et nécessite une parfaite conscience de soi.

Une amie me faisait remarquer que les personnages de la littérature de science-fiction sont souvent d'apparence assez froide, dénués de toute émotion. C'est assez vrai, comme si, dans ce futur, on avait maîtrisé ces indicateurs pour ne vivre que sur des sentiments. Je sais que c'est assez difficilement concevable, mais je suis persuadée que l'existence des robots va nous aider en ce sens.

Apprendre à se servir de ces émotions pour créer des sentiments serait une façon plus stable de s'épanouir, et sans violence, car la violence est portée par une émotion débridée.

Peut-on imaginer une société plus humaine ne surfant plus sur ses émotions, mais les utilisant uniquement pour mieux se comprendre et se dépasser ?

Oui, sans aucun doute. Les réseaux sociaux deviendraient plus bienveillants et les relations seraient sans doute plus faciles à gérer.

Tout cela pourrait sembler utopique si nous n'étions pas soumis à de nouvelles énergies, mais le fait que nous sommes en train de changer peu à peu et d'évoluer nous conduit sur un nouveau chemin où nous allons devenir d'autres humains.

Si la transition est violente et anarchique, elle n'en est pas moins intéressante car c'est maintenant que nous devons œuvrer afin d'impulser le meilleur de nous-mêmes et de redécouvrir le merveilleux en nous.

Les nouvelles générations vont naître avec de nouvelles données, capables d'affronter ce monde qui peut sembler terrifiant.

Lorsque je parcours les livres d'histoire, je me rends compte que des siècles entiers ont été traversés par d'effrayantes guerres, et que ces guerres étaient considérées comme le symptôme d'un pays en « bonne santé ».

La vie avait peu de valeur et l'on ne se questionnait pas sur le fonctionnement psychologique de l'homme.

Nous avons fait tant de chemin. Nous sommes capables d'être meilleurs, si nous utilisons cette énergie formidable qu'est l'amour. Ce puissant moteur digne de nous faire avancer, soigner, améliorer notre environnement et respecter tous les êtres vivants.

L'amour doit nous rendre capables d'être patients et de ne pas fustiger ceux qui ne vivent pas comme nous, qui ne suivent pas nos préceptes, ne partagent pas nos idées, mais au contraire de les écouter sans jugement *a priori*, et de prendre avec eux une nouvelle voie, meilleure pour l'humanité.

Qu'importe si tout le monde n'est pas végétarien ou vegan, nul n'est besoin d'imposer une dictature en ce sens, l'important est de respecter le rythme de chacun dans ce changement qui connaîtra encore bien des rebondissements.

Soyons conscients que nous sommes à un changement qui va durer quelques centaines d'années, et que ceux qui l'ont initié n'en verront pas la fin.

Des générations naîtront, sans cesse plus aptes à cette nouvelle donne, plus armées pour l'affronter, et qui devront sans cesse lutter pour ne pas perdre ces valeurs humaines qui font de nous ce que nous sommes : des Êtres prodigieux.

TOUT CELA ÉTAIT « PRÉVU »

Ce changement, ainsi que ses différentes étapes me sont annoncés depuis 2008.

Il y eut en 2012 de grandes modifications. Progressivement jusqu'à 2019, chacun s'est ouvert ou a ressenti certaines perturbations physiques ou psychologiques. 2019 a été une année difficile pour beaucoup, ou de vieux piliers de notre vie se sont définitivement effondrés, nous forçant à prendre en considération ce que nous sommes vraiment.

QU'EN PENSENT CEUX DE L'INVISIBLE ?

C'est la question que me posent les personnes qui souffrent et qui sont dans l'incompréhension des événements de leur existence. Une fois de plus, je n'ai pas de recette magique et pas plus de remède universel, et ce n'est pas en se tournant vers le pendule, la voyance, les tarots ou toute autre forme de divination que nous aurons les moyens de contourner notre destinée. Ne pas admettre les transformations et les changements cycliques de notre Terre conduit à ne plus rien admettre de ce qui est en train d'advenir.

Lorsque je demande si ce chaos est inévitable, « on » me répond : « c'était prévu ». C'est la même phrase que j'entends depuis 1995, lorsque je fus témoin des premières manifestations paranormales.

« C'était prévu » et donc envisagé, établi avec toutes les conséquences que cela implique, selon les choix que nous avons faits. Est-ce pour le bien ou pour le mal ? Ni l'un, ni l'autre, cela fait tout simplement partie des événements qui doivent advenir, de notre vie, et qui vont servir à notre croissance spirituelle.

Depuis que j'écris ce livre, nous vivons l'apparition du coronavirus.

L'ennemi sournois et imprévisible, qui plonge notre monde dans la psychose et le déclin économique. L'ennemi qui réussit à affaiblir les grandes puissances et qui nous fait prendre conscience qu'il y a de nouvelles façons de fonctionner.

Le coronavirus, plus véloce et actif que d'autres (en raison notamment des nouvelles données de l'accélération du temps), est l'un des virus que nous connaîtrons désormais, car d'autres viendront, sortis d'un laboratoire ou de l'organisme d'un animal, et ils nous pousseront à modifier notre façon de vivre. Tout comme le changement climatique induit cela et nous oblige à changer nos comportements. Notre corps va s'adapter et fabriquer des anticorps.

Nos guides nous demandent d'être plus humains, plus empathiques, ou du moins de faire preuve du meilleur de nous-mêmes. Nous ne pourrons avancer, affronter la violence ambiante que si nous développons la bienveillance qui est en nous.

Cela peut paraître une lapalissade grossière, néanmoins c'est en travaillant sur cette manière d'évoluer que nous ferons bouger les choses.

Aujourd'hui, nombreux sont ceux qui s'élèvent contre la violence dans les rapports sociaux et qui nous demandent de la bienveillance, mot à la mode, qui appelle chacun de nous à avoir une « disposition favorable à l'égard de l'autre ». Une attitude nécessaire, mais le mot est galvaudé et décrié par beaucoup qui le trouvent niais et désuet. Les bons sentiments sont ressentis par certains comme « bébêtes », infantilisants, réducteurs dans leur esprit. Aussi ils les étouffent, les empêchent d'émerger.

Or, c'est exactement le contraire qu'il faut faire. Chaque combat, chaque action, aussi durs soient-ils, doivent être mus par de « bons » sentiments si l'on désire changer les choses pour le bien de tous. La violence, la haine et le mépris n'ont jamais permis une avancée positive pour la société. On ne construit rien sur le négatif.

Nos guides nous le répètent : « Aimez ».

Aimer ne signifie pas s'extasier, totalement béats, mais bien nous remplir d'une énergie positive qui va nous faire avancer et agir pour le bien commun.

L'Amour est un moteur puissant, ce n'est pas l'apologie à l'eau de rose de vertus que nous sommes incapables de mettre en œuvre. L'Amour n'est pas seulement l'expression de bons sentiments, c'est une force, un moteur actif et puissant.

Avoir de bonnes idées et souhaiter que de belles choses adviennent est important, mais cela ne suffit pas si on n'a pas un peu de courage pour les appliquer, ils ne servent pas à grand-chose.

Nous vivons une époque où il va nous falloir faire preuve de beaucoup de courage et de dignité. Et si ces mots vous semblent surannés, issus d'une littérature d'un autre temps, sachez qu'ils sont plus que jamais d'actualité.

L'hyper médiatisation est terriblement anxiogène, elle entraîne la crainte et l'agressivité, développant ce satané ego qui est le piège de nos vies. On le confond d'ailleurs souvent avec l'amour-propre et la dignité. Il n'en est rien. Il nous incite à la démesure et la violence, et nous conduit sur des sentiers où disparaissent l'amour et la confiance en soi.

Les gens à l'ego surdimensionné sont souvent ceux qui, paradoxalement, ont perdu confiance en eux et cherchent à la retrouver par des attitudes trompeuses.

Le courage nous invite à aller au-delà de nos peurs pour agir et la dignité de le faire dans le respect de soi-même et des autres. Nous devons sortir de l'individualisme, car même si l'on a l'impression de se sentir ainsi protégé, il nous isole, et seule la solidarité nous remettra en contact avec la réalité humaine. En effet, plus nous nous isolons, plus nous sommes amenés à vouloir fuir cette solitude par des moyens superficiels voire nocifs.

Notre contact avec le monde nous oblige à trouver notre place et à apporter nos idées, à participer à la construction de celui-ci.

Le « N'ayez pas peur » du pape Jean-Paul II – qui date du 22 octobre 1978 – résonne plus que jamais aujourd'hui, puisque tout tend à nous faire peur.

Les guides nous disent la même chose : « N'ayez pas peur ».

Cette impulsion à nous donner pour vaincre la peur prend sa source au plus profond de nous.

Il faut agir. Bien sûr, il est confortable de ne pas bouger, et pourtant on s'en plaint souvent. On me dit : « Rien ne se passe dans ma vie », ce à quoi je réponds : « Que faites-vous pour qu'il se passe quelque chose ? Suivez-vous les impulsions de votre cœur ? Allez-vous où votre âme vous envoie ? Avez-vous si peur que vous préférez ne pas répondre, quitte à passer à côté de votre histoire ? »

J'avoue que parfois, la Vie nous demande des choses qui nous semblent bien plus grandes que nous, mais ce que nous ignorons, c'est que nous sommes bien plus grands que ce que nous croyons.

Alors, il ne faut pas hésiter, car après ce que nous croyons être un saut dans le vide, nous serons rattrapés par une main invisible qui nous accompagnera dans notre cheminement.

Ce qui se passe en nous est alors incomparablement lumineux et serein. C'est cela que l'on ressent quand on sait que l'on a pris la bonne direction.

Ne nous laissons pas duper par la confusion ambiante. Tout changement, toute période transitoire, apportent beaucoup de trouble, les colères explosent et comme nous ne parvenons plus, quasi physiologiquement, à supporter ce que nous supportions auparavant, les réactions nouvelles se juxtaposent aux vieilles habitudes, entraînant une cacophonie d'émotions apparemment incompréhensibles même si elles sont justifiées, tout simplement parce que ce que nous sommes devenus aujourd'hui réclame justice et surtout, de ne plus souffrir.

C'est ainsi. Et pour échapper à la souffrance, il va nous falloir veiller à ne pas l'infliger. Nous ne devons pas recréer ou diffuser ce dont nous ne voulons plus, ce que nous voulons abolir. Mais en toute quiétude et sérénité, nous devons œuvrer pour que les choses changent.

On nous demande d'avancer et de nous « jeter à l'eau » même si nous n'apercevons pas de bouée à l'horizon, simplement parce que nous savons au fond de nous, nous en trouverons une sur notre parcours.

NON, NOUS NE SOMMES PAS MAUDITS !

Ce sentiment de malédiction, de malchance poursuit nombre d'entre nous pour qui les ennuis semblent se succéder à une cadence soutenue.

Si la « machine semblait assez bien huilée » jusqu'à présent, aujourd'hui nous vivons une période où tout va de travers, où nous avons l'impression qu'un « mauvais œil » nous poursuit.

Il n'en est rien la plupart du temps, mais l'accélération du temps entraîne un rapprochement de situations, d'événements qui nous affecte, car on oublie facilement ceux qui nous réconfortent et sont gratifiants.

Voilà pourquoi nous devons faire preuve de courage et relativiser les expériences négatives que nous pourrions traverser.

Seules celles destinées au bien collectif nous laisseront un sentiment positif. Toutes les autres, menées par l'égoïsme, l'égocentrisme et leurs accessoires nous plongeront dans l'insatisfaction et la déprime.

Dans cette accélération des faits, soyons sûrs de faire les bons choix, en nous allégeant de ce qui nous pesait et en réglant les choses en suspens depuis bien longtemps, pour nous consacrer à ce qui a du sens. Sinon, nous sommes condamnés à nous perdre dans la confusion et la peur.

Soyons aptes à discerner ce qui est positif et efficace, et choisissons de suivre les pensées et les actions qui nous élèvent en nous « forçant » à abandonner les relents mesquins ou jaloux tapis en nous. Ceux-là nous font perdre du temps, et ne nous permettent pas de nous préparer à ce que nous demande le Monde.

Les guides de l'invisible sont toujours proches de nous, mais d'autres présences moins bienveillantes le sont également. Il va donc falloir nous entraîner à écouter notre instinct, notre petite voix intérieure, pour comprendre ce qui est bon ou moins bon pour nous.

Souvent en l'écoutant, il arrive que nous ayons l'impression d'être guidés vers des chemins de souffrance, mais cette souffrance peut être dépassée pour atteindre la sérénité.

Aujourd'hui, tout est si différent, tout est devenu complexe, on ne peut plus se fier à nos réactions d'antan.

Tout doit être dépassé, car nous devons grandir absolument.

Après cette période trouble de transition, les temps qui viennent devraient générer des Êtres plus intègres et plus lumineux.

Mais avant cela, nous devons comprendre et cheminer encore à travers une voie d'adversité, où les défis et les obstacles, engendrés que par la peur, sont nombreux.

La peur ne devra plus être un mode de vie ou de réaction, mais simplement une alarme lorsque cela est nécessaire.

Les guides nous encouragent à nous recentrer plus encore, afin de garder notre lucidité et notre calme en toutes circonstances. Ainsi nous pourrons repousser les émotions négatives.

Nous devons reprendre le contrôle de nous-mêmes et c'est en nous mesurant aux autres que nous aurons la possibilité de le faire.

N'oublions pas que nous sommes toujours guidés, et plus que jamais, malgré les apparences, protégés.

Aujourd'hui, la majeure partie de ceux qui s'intéressent aux phénomènes inexpliqués savent que la Vie ne s'arrête pas ici-bas, mais qu'elle continue bien au-delà de la mort de notre corps. Malgré cela, ces mêmes personnes ont bien du mal à dépasser les émotions négatives liées au deuil.

Tant que nous n'avons pas été confrontés à la mort de proches, il nous est souvent plus facile de croire à l'immortalité de l'âme. Mais lorsque cela arrive, malgré les multiples informations que nous avons pu lire ou glaner par des voies médiumniques ou scientifiques, nous perdons toute confiance en cette éternité de l'Esprit.

Écoutons nos cœurs et séchons nos larmes.

La vie ne s'arrête pas et notre mission sur Terre, même si elle est compliquée, est essentielle à notre croissance spirituelle.

Restons ancrés pour être à l'écoute, connectés pour ressentir l'autre, et prenons conscience qu'en notre for intérieur, nous disposons de tous les baumes pour apaiser nos maux et de toutes les réponses à nos questions.

Nous considérons notre environnement comme étrange et mystérieux, mais ne sommes-nous pas nous-mêmes les Êtres les plus mystérieux qui soient ?

Dans le tumulte, soyons un îlot de paix, et utilisons notre intelligence pour nous faciliter la vie, mais aussi pour semer de la joie autour de nous.

FORMONS UN NOUVEL ÉGRÉGORE

« Égrégore » est un terme quelque peu ésotérique qui désigne l'esprit d'un groupe qui est influencé par les pensées de celui-ci.

L'égrégore a donc une fonction importante, car il impose une direction au groupe en fonction de la pensée qui le nourrit. Ainsi, le fait de se sentir bien dans certaines maisons, par exemple, est souvent lié aux bonheurs qu'elle a abrités.

Si nous projetons, diffusons plus de bienveillance autour de nous, il est certain que l'égrégore qui nous régit nous incitera à faire preuve de toujours plus.

Vouloir plus de justice pour notre planète et plus d'humanité en l'imposant par des actions violentes, agressives ne conduira pas forcément aux changements escomptés. Ceux-ci doivent être produits par une pensée sincère et des actes exemplaires.

Nous ne pouvons prôner certaines vertus en les oubliant dans notre quotidien.

Soyons intègres dans notre conduite.

Faire la lumière sur la duplicité de certains personnages, artistes ou autres, qui excellent dans leurs réalisations, mais sont de piètres humains, est plus que jamais d'actualité.

Devenir toujours plus intègre est une manière de trouver la sérénité.

Libérer la parole ne signifie pas libérer ses bas instincts, bien au contraire.

Le monde est en quête de justice et veut se libérer de la souffrance, et il y parviendra lorsque ses habitants mettront en accord leurs pensées et leurs actions.

Plongeons-nous dans nos ténèbres intérieures, interrogeons-les afin de mieux les dompter et pour qu'elles ne prennent pas le pas sur nos vies.

Soyons un, multiple et cohérent, et ne nous dispersons plus dans nos angoisses.

Pour cela, il est temps de nous regrouper

avec ceux qui peuvent et veulent partager et répondre à nos questionnements.

Les réponses viennent toujours des échanges.

Nous avons la chance de vivre et d'exister dans un monde turbulent, certes, mais où nous pouvons agir, nous pouvons l'aider à aller mieux et il peut nous aider à nous affirmer.

Sortons du magma superficiel généré par l'ego et allons au fond des choses, en nous, et avec ceux que nous choisissons de fréquenter.

Faisons entrer dans notre Vie les personnes que celle-ci nous présente. Elle les met sur notre route afin que nous apprenions d'elles le moyen de nous dépasser et de trouver notre place.

Ne baissons jamais les bras.

Notre corps et notre esprit fabriquent sans cesse des défenses et des anticorps pour nous aider à survivre et nous immerger dans ce monde.

Il changera si nous changeons, si nous décidons de ne pas nous replier loin de lui, en silence et sans agir alors que nous le déplorons bien souvent.

Nous avons contribué à fonder la société

que nous critiquons, alors il est temps de prendre un autre cap.

L'Au-delà nous enseigne que nous recevons ce que nous émettons, et si nous considérons que le bien que nous avons fait ne nous est pas restitué, sans doute ne l'avons-nous pas fait dans une pensée sincère et désintéressée. Ayons confiance en ce que nous sommes capables de produire, afin de guérir, de nous adapter et d'avancer.

Nous prenons sur la tête la pluie des pensées que nous avons créées, à nous d'en répandre de nouvelles pour vivre plus sereins.

NOUS SOMMES CAPABLES

Nous sommes capables de survivre et de vivre dans ce tumulte.

Nous sommes capables d'impulser une nouvelle pensée afin que les valeurs humaines essentielles ne soient pas noyées dans le temps qui passe si vite et dans l'injonction à la performance, l'exigence de résultats, parfois surhumains, ce dans tous les domaines.

Nous fonctionnerons bien mieux si nous sommes mieux traités et si nous maîtrisons notre ego afin de mieux traiter les autres.

Nous sommes des Êtres forts, pleins de ressources grâce cet Amour qui nous habite et dont il va falloir user sans modération.

Nos défunts et guides sont bien présents et nous secondent dans cette aventure, même si nous ne les sentons pas toujours.

Gardons confiance en eux comme en nous-mêmes, car c'est cette confiance qui souvent nous fait défaut et nous ôte tout courage pour suivre le fil de notre destinée.

Oui, la Terre change de cycle, et nous allons nous aussi connaître ce changement en nous en recevant toutes les nouvelles possibilités que cela génère.

Nous devenons hypersensibles, mais en prenant conscience de ce qui nous arrive, nous allons intégrer ces données et considérer l'accélération du temps comme un nouveau moteur.

Devenons ces Êtres prodigieux capables de ressentir, de soigner, de guérir et d'aider en utilisant tous les petits cadeaux que la nature nous fait.

Plus notre pensée sera sincèrement claire et intègre, plus nous émettrons une énergie compatible avec celle de la nature et nous cesserons d'être nocifs malgré nous.

Nous pouvons devenir des « pompeurs d'énergie », quand nous ne sommes pas en phase avec ce que nous demande notre Esprit, et cela est très dommageable pour nos proches ; lesquels dès lors vont nous fuir instinctivement.

Cherchons à être en adéquation avec nous-mêmes, et à constamment nous élever, afin de dépasser le tumulte et peu à peu le faire cesser.

Il n'est de plus grand but que celui de devenir de vrais humains, ceux qui sont capables du meilleur.

TABLE DES MATIÈRES

pca
cmb
édition pré-presse
livres numériques
44400 Rezé

Imprimé en France par CPI
Dépôt légal : mai 2020
N° d'impression : 3039861
ISBN 13 : 978-2-7499-3999-5
LAF 2753